本书受

教育部哲学社会科学重大课题攻关项目"经济全球化背景下中国矿产资源战略研究"
　　（项目编号：12JZD034）

湖北省地质局武汉水文地质工程地质大队项目"新型地勘产业发展模式研究"
　　（项目编号：KH146404）

湖北省高等学校人文与社会科学重点研究基地中国地质大学资源环境经济研究中心

资助

我国新型地勘产业
发展模式构建研究

严 良　武 剑　邹泉华　著

人民出版社

目　录

引　言

第一节　研究背景及意义

一、研究背景

地质勘查工作是支撑我国经济建设和社会发展的基础服务性工作,按照勘查内容和范围可分为四类:以寻找和评价矿产资源为主要目的的矿产地质勘查,以寻找和开发地下水为主要目的的水文地质勘查,以查明铁路、桥梁工程等工程地区地质条件为目的的地质勘查以及其他特殊领域的地质勘探工作。地勘产业又称地质矿产勘查业,是立足于地勘工作基础之上的产业,主要包括基础地质、水文地质、工程地质、环境地质和科学研究等领域。在转变经济发展方式和拓宽经济发展空间的现实诉求下,地勘产业由于具有经济社会服务面广、劳动力素质强、产品科技含量高等优点,使得其逐渐成长为各个省(区、市)的重点发展产业。

新中国成立六十多年来,中国地质勘查事业提供的矿产资源保障和支撑,为祖国的经济社会发展作出了卓越的贡献。我国在基础地质方面逐步缩小着同世界先进水平的差距,在某些领域取得了世界级的地质科技成果,为国家的建设和经济的发展提供了科学的地质依据,如桥梁架设,土地资源开发,石油、天然气等战略资源的勘探与开发,地质灾害的研究和预测等,都离不开地质工作的指导。

从党的十一届三中全会揭开改革开放和发展社会主义市场经济的序幕以来,国有地勘单位一直处于改革的进程中。国家层面的系列政策方针对各行各业的发展提出了更高的要求,进一步指明了行业发展改革的新方向。加快结构调整和发展方式转变,不断改善微观基础和产业基础,着力推动传统产业向中高端产业迈进,积极发掘和培育新的经济增长点等等,都是实现地勘产业发展转型的重大现实机遇。以湖北省为例,"十二五"以来,湖北省政府重点培育和发展了汽车、化工、钢铁、建材等十大"千亿元行业"①,这些宏伟目标的实现离不开湖北省矿业的勘查与开发等基础工作的支持。

然而,我国地勘产业发展在取得了较为显著的成果,培育出了一批优秀的、具有国际领先水平的代表性地勘企业的同时,其发展程度与国外先进水平仍存在较大的差距。我国地勘产业的基础建立在开采和初级加工基础之上,技术相对滞后导致对矿产资源的开发和利用也非常有限,产品科技含量不高。在经济全球化和贸易自由化的背景下,各个地勘单位

---

① 《湖北省工业"十二五"发展规划》,http://www.whec.gov.cn/。

的发展遇到了巨大的瓶颈与挑战，地勘工作的转型遭遇严重的困难。目前，地勘单位普遍存在体制机制落后、管理粗放、经营方式缺乏灵活性等诸多问题，导致地勘单位难以适应市场经济要求，发展缓慢，甚至被市场淘汰。例如，落后的管理体制内的地勘单位难以成为真正独立的经济实体，无法自主经营、自负盈亏。而现阶段依托于矿产资源的勘查、开发、利用所形成的产业发展模式难以适应市场的要求，也导致地勘工作难以真正融入市场中。产业布局重复、技术升级缓慢、管理体制僵化、资源配置效率低下等问题日益凸显。地勘单位员工作为体制内的一群受保护群体，在实际工作中严重缺乏创造力和创新性，更加从根本上制约着地勘产业发展的活力。地勘产业发展中出现的问题，一方面反映出地勘产业的布局和发展还带有强烈的计划经济色彩，另一方面则表明没有将市场要素充分引入到产业之中，阻碍了资源配置效率的最优化。由于现有地勘产业中存在的这些问题积弊甚深，且难以在短时期内得到解决，导致难以吸引到足够的资本支撑产业的后续发展。

当下正处于经济增长方式转变和产业结构升级的关键历史时期，如何为我国的地勘产业寻找一条和谐稳定、可持续发展的道路，至为关键。本书结合我国地勘产业发展现状，从产业发展、技术创新、人才培养、资本市场建设等方面探索影响新型地勘产业发展的因素，寻求我国新型地勘产业发展的理论支撑，指出我国新型地勘产业发展路径并构建相应体系，从而为我国地勘产业的健康发展提供对策建议。

二、研究意义

随着经济全球化蔓延,市场自由配置下资本、劳动力等生产要素开始在全球范围内寻找最优布局,尤其是我国加入世界贸易组织以后,贸易自由化的脚步被动加快,传统体制下的地勘工作面临着空前的机遇和挑战,因此地勘产业发展模式的研究成为了国内地勘领域新的关注点。从行业层面进行解析,我国地勘行业普遍存在以下几种趋势。

第一,在更加开放的市场配置体系中,地勘行业面临着更激烈的市场竞争。加入世界贸易组织以后,市场配置范围拓展到以全球为单位,需求与供应关系开始在全球范围内进行布局,市场竞争日渐激烈,我国矿产资源的供求关系也进入到一个更加开放的配置系统中。国外大宗金属矿产和能源矿产的价格波动直接导致国内矿产资源市场的供求波动,因而进一步加剧市场竞争。从矿产资源的储量和开发程度上看,今后的很长一段时间内,矿产资源都将处于供不应求的局面。而为了缓解供求之间的矛盾,我国将持续加大对于地勘产业的各个生产要素的投入,包括资金、人才、技术等,以期能够通过生产要素的投入来促进地勘产业的转型升级和更加高效的发展,提高地勘单位市场竞争力,从而解决国内资源瓶颈问题。

第二,地勘行业普遍朝着"突出主业、拓宽实业、发展副业、致富家业"的发展方向迈进。具体来看,"突出主业"即突出地质找矿工作,地质找矿工作是所有后续活动的基础,也是各个地勘单位的立足之本。"拓宽实业"是指将勘查与开发进行一体化建设,搭好矿产资源商业化的桥梁,以更好地衔接,切实办好实业。"发展副业"是指各个地勘单位在经营内容和经营范围上以一业为主,同时寻求相关和衍生产业的均衡发展,例如各地勘单位可以将物化探、工勘等作为地质找矿综合配套力量进行扩充和建设。"致富家业"是指从职工福利的角度增加综合性收入,能惠泽单位员工。因此,不管何层级的地勘单位都需立足以上四点,结合自身环境与实力进行经营战略和策略的调整,以谋求生存和可持续发展。

第三,逐渐重视以省级战略单元为主的地勘组织发展模式。以地质队基层组织为主的传统地勘单位已经不能适应市场经济下激烈的竞争,以省级地质局为单元的发展模式开始展现出其在资源集约和能力整合方面的优势,从而被广泛地接受和运用。在计划经济条件和国家战略需求下形成的执行国家指令性计划的行政单位,从改革开放开始一直在尝试进行自身的改革和调整,却始终难以摆脱在现有体制内的恶性循环。近年来,内蒙古、广东、陕西等地开始尝试从局级层面进行改革和调整,探索出一条以"省局先行、突出重点、资源整合、业务扩大"的发展道路。

第四,大力推进"走出去"发展战略,积极开展境外地质找矿工作。《国务院关于加强地质工作的决定》①(2006)中提出"鼓励国内有条件的企业到境外开展重要矿产资源勘查开发"。在国家"走出去"战略需求的号召下,各省级地质局开始积极推进境外的地质找矿工作,有些省级地质局(地矿局)

① http://www.gov.cn/gongbao/content/2006.

通过参股、兼并与收购等方式与境外企业建立关系取得良好的效果,也成为较受推崇的"走出去"方式。

因此,在新的历史时期,提出新型地勘产业发展模式研究意义重大。

第一,实现全面建成小康社会战略目标,迫切需要地质工作提供矿产资源基础保障。随着我国工业化进程加速推进,经济的长期中高速增长将消耗大量矿产资源。当前,我国重要矿产资源供需矛盾十分突出,已成为制约经济社会发展的重要因素。为此,地质工作怎样为实现全面建成小康社会战略目标提供资源基础保障,缓解资源对经济社会发展的瓶颈制约,迫切需要国家研究提出战略性矿产勘查工作的发展规划。

第二,树立和落实科学发展观,迫切要求地质工作实现根本性转变。随着我国经济建设发展和城市化速度加快,基础设施、重大工程建设规模不断扩大,地质灾害频繁发生、生态环境退化、地下水污染、工程安全等问题越来越突出,对经济发展和人民生命财产构成巨大的威胁。怎样适应以人为本,树立和落实全面、协调、可持续的科学发展观,迫切需要研究制定地质调查工作发展方式,不断拓展和延伸服务领域,包括面向人口、资源、环境等方方面面的服务,为经济社会发展提供全过程和全方位服务的战略。

第三,建立社会主义市场经济体制对地质工作改革提出了内在要求。当前,我国地质工作体制改革相对滞后,适应社会主义市场经济体制要求的地质工作新体制还没有建立,需要进一步健全地质调查管理体制,理顺运行机制,促进地质调查和矿产资源勘查工作的良性循环。如何进一步推进公益性地质工作与商业性地质工作的分开,如何建精、建强公益性地质调查队伍等重大战略问题亟待研究和解决。

第四,建设世界一流地质勘查产业需要开展地质调查战略研究。国土资源部副部长、中国地质调查局前局长汪民同志,代表局党组提出了建设世界一流地调局的目标。要成为世界一流,必须做到"服务一流、成果一流、科技一流、人才一流、管理一流"。其中,服务要摆在第一位。要成为世界一流,就必须首先在国内领先,其次在亚洲一流,最后才能实现世界一流。建设世界一流地调局是一个目标,是一个过程,也是一个要求。什么时候实现世界一流,需要系统跟踪发达国家地质调查机构的发展历程,对我国地质调查工作战略进行认真研究和科学的规划指导。

第二节　构建我国新型地勘产业的必要性

一、地勘产业的重要性

地质勘查业是经济建设和社会发展的基础性服务业,为经济建设和发展提供矿产资源和地质资料的支撑。地勘业通过地质勘查工作采集水文地质、工程地质、环境地质等方面的基础数据和其他资料,为各决策部门在城乡供水、工程建设选址、地质灾害的防治、人民生活和地质环境的保护等多方面提供决策支持和服务。从营运性质和营运目的上,可以将地质勘查工作划分为公益性地质工作和商业性地质工作两类。

公益性地质工作是指以"公益"为第一目的,服务于国计民生的地质勘查工作;包含区域地质调查、区域水工环境地质调查、区域物化探调查、遥感地质调查、地质灾害调查、海洋和极地地质调查、为国家发展战略服务的矿产资源调查,以及与上述地质调查相关的科学技术研究等诸多方面。我国目前以公益性地质工作为主。

公益性地质工作具有"公共"属性、政府单位承担投资以及事业化运作三个显著特征。首先,"公共"属性是指其通过为社会提供基本的地质资料服务于经济建设和社会发展的方方面面。具体来说,包括为国民经济建设和社会发展需要进行的全国性地质调查评价工作,为国家经济建设规划区的经济建设和社会发展而进行的地质调查评价工作,为重要地区和重要城市的经济建设和社会发展而进行的地质调查评价工作,为国民经济建设和国家权益而进行的战略性矿产资源调查评价工作以及其他为满足国民经济建设和社会发展需要而进行的地质调查评价工作。其次,开展公益性地质工作的资金多来源于中央和地方财政,并且按照受益对象划分为中央财政主体和地方财政主体;两个主体主要按照服务对象和范围区分,全国范围内的基础性、公益性地勘工作一般由中央财政担负和受益,直接服务于地方经济建设和社会发展的基础性地质工作以及城市和地区的水工环境地质工作等,则多由地方财政担负和受益。最后,公益性地质工作的事业化运作区别于传统体制下的事业费拨款体制,来自中央和地方财政主体的资金以委托的方式进入地勘单位(企业)和投资主体进行市场化运作,满足市场机制运作的要求。

商业性地质工作是指以"营利"为目的,服务于小部分经济主体的地质勘查工作,也涵盖水文、工程和环境等领域的地质勘查工作。商业性地质勘查工作与公益性地质勘查工作具有显著的特征差异,可以概括为"私人"属性、投资主体多元化、企业化运作三点。首先,"私人"属性是指其成果具有营利性且所有权属于特定的、独立的经济实体,并且法律保护这些经济实体的权益。其次,因商业性地质工作追求成果的营利性,本着"谁投资,谁受益"的原则,投资主体要求投资产生收益,同时潜在、预期收益会吸引不同的经济主体进入从而建立和健全配套的金融资本市场。目前矿业发展走在世界前列的国家,其商业地质工作资金来源渠道已经放开,因公益性地勘工作的投资受制于中央和地方财政的支付能力使得其发展一定程度上受限,而企业和民间资本的进入对商业性地勘工作发展有着强有力的支撑和促进作用。最后,相对公益性地质勘查工作的事业化运营而言,商业性地质工作多以独立运营的企业作为载体,包括独立的矿产勘查公司和大型矿业勘查公司等,来进行各项地质勘查工作任务的具体执行和开展。

地质勘查是我国社会主义市场经济建设和社会发展中的一项基础性、先行性工作,社会经济发展离不开地质矿产事业的支撑。新中国成立六十多年来,中国地质勘查事业伴随着新中国一起成长,一代代地质工作者发扬"以献身地质事业

9

为荣,以艰苦奋斗为荣,以找矿立功为荣"的精神,为国家找矿,不断实现重大突破,矿产资源管理法制机制不断完善,地质环境建设和保护日益加强,地质科技进步和创新成效显著,中国地质事业在六十多年间,为祖国的经济社会发展提供了矿产资源保障和支撑,作出了卓越的贡献。

一是地勘行业对重要矿产资源的勘查开发,特别是已查明的主要矿产的资源储量,保障了我国能源、原材料供应,支撑了1600多座大型矿山的开发和400多个矿业城镇的建设,奠定了我国作为世界第三矿业大国的基础。2003—2013年十年里,我国查明的煤炭资源储量由10.2万亿吨增长到14.8万亿吨,石油由24.3亿吨增长到33.7亿吨,天然气由2.24万亿立方米增长到4.64万亿立方米,铁矿(矿石量)由577亿吨增长到799亿吨,铜矿(金属量)由6709万吨增长到9112万吨,铝土矿(矿石量)由25.4亿吨增长到40.2亿吨。[1] 特别是近年来我国组织实施的找矿突破战略行动取得了非常显著的成果:3年来累计投入找矿资金3500亿元,新发现中型以上矿产地451个,页岩气、天然气水合物勘查实现重大突破,发现一批世界级的天然气、铀、钼、钨、铜等大矿床,形成了新一批矿产资源基地。

二是地勘资质结构逐步优化,服务领域不断拓宽。2003—2013年十年来,我国具有甲级资质的地勘单位数量占比由29%提高到44%。地勘单位从单纯的地质找矿,拓展到矿业开发、工程勘查、地质灾害防治、海洋地质调查等领域。

---

① 2014年全国探矿者年会暨第八届全国百家地质队长座谈会。

　　三是通过创新成矿理论,研发了一批高效的探矿、采选和综合利用的先进技术,大幅提高了探矿与资源利用效率。比如,2003—2013 年建立了中国成矿体系和区域成矿评价体系,推广了"三位一体"等找矿预测新模型,提高了矿产资源预测能力,发现了一批大型和超大型矿床;青藏高原地质理论创新与找矿项目获得重大突破;航空地球物理、区域地球化学填图、数字地质填图等技术和"万米钻机"等装备达到国际先进水平;加快探索适合我国特点的页岩气勘查开发技术,初步实现水平井、分段压裂等技术装备国产化。

　　四是地勘单位的经济实力明显增强,职工收入与生活水平稳步提高。据调查,从 2006 年至 2013 年,地勘单位总资产由 1640 亿元增长至 5320 亿元,年均增长 18%;总收入从 727 亿元增长至 1963 亿元,年均增长 15%;地勘收入占地勘单位总收入的比重由 36%增长至 39%。[①] 同时,这些年来,地勘单位在职职工人均劳动报酬由 1.97 万元/年增长到 5.93 万元/年,年均增长 17%。一批卓有成效的地勘单位年收入超过 10 亿元,最多的接近 20 亿元。

二、地勘产业发展的挑战

　　目前,我国已处于工业化的中后期,又正处于增长速度换挡期、结构调整阵痛期和前期刺激政策消化期这"三期叠加"的状态。在工业化时期,由于对矿产资源的巨大需求,促进了矿产勘查工作的发展,政府为此也加强了基础性地质调查工

---

　　①　2014 年全国探矿者年会暨第八届全国百家地质队长座谈会。

作,出现了地质工作的大繁荣;到了工业化后期,基础地质调查工作基本完成,经济发展进入中高速阶段,对矿产资源(不含能源)的消费不断递减,加之勘查成本上升、环保要求日趋严格、政府限制和社区反对等综合因素,会造成大量矿山关闭,新建矿山困难重重。与此相对应,矿产勘查工作也会受到制约,规模开始萎缩。同时,工业化时期高速发展产生的对环境的污染和破坏需要进行治理和修复,因此地质工作将由资源型转向环境型,即由矿产勘查为主转向环境治理与保护为主,这中间必然需要一个或长或短的过渡期,具体表现在以下三个方面:

一是我国经济发展速度由以往高速粗放转向中高速新常态阶段,对矿产资源的需求逐渐平滑,矿产勘查进入由快到缓的转型期。据国土资源部发布的统计资料,2013年我国地勘行业收入较上年下降10.44%,找矿支出下降11.99%。而这一年全球有色金属勘探投入下降了31%。另据中国地质调查局发展研究中心最新编写的《地质工作形势跟踪与分析》(2014)显示,2014年,全国地质勘查投入资金为415亿元,较2013年同比减少10%。其中,中央财政投入基础性、公益性地质调查和战略性矿产勘查工作共83亿元,同比减少7%;地方财政在地质勘查工作方面的投入为94亿元,同比减少24%;社会资金地质勘查的投入为238亿元,同比减少4%。①

还有一个不容忽视的因素,即矿业的发展历来具有周期性,而且其波动的幅度远远大于经济的波动幅度,常常大起大

---

① 数据来源:中华人民共和国国土资源部网站,http://www.mlr.gov.cn/xwdt/sdbd/201506/t20150604_1353137.htm。

落。矿产勘查作为上游产业，与矿业实为一体，因此其发展受到矿业周期性的影响毫无疑问。问题在于，地勘单位在这方面的经验很少。比如，在上升期该如何运作，下降期怎样应对，峰值是否出现且能持续多久，谷底是否到来，将震荡多长时间，何时才能进入复苏与上升通道……这些，都在考验行业与地勘单位的智慧。

二是刺激政策形成的勘探格局的消化期。从国内矿产勘查的情况来看，前几年大量投资，特别是社会资本的大规模涌入，使我国的煤炭、铁矿、铝土矿等大宗矿种的勘探已处于过度饱和状态。目前，煤炭产能过剩非短期所能化解，而铁矿与铝土矿勘探探明的储量多在深处，根本无法实现商业开采。造成的结果是，探明了储量却无法开采，铁矿和铝土矿照旧进口，而且铝土矿的对外依存度已达到50%。

三是对事业单位分类改革的适应期。政府从商业性地质领域退出及地勘事业单位分类改革对地勘单位的冲击巨大。当前，划清市场与政府的边界，中央财政出资的地勘工作进一步聚焦公益性、基础性地质调查和战略性矿产勘查，并将进一步围绕新形势下国家重大需求展开。地方财政也将重点投入基础性、公益性的地质调查工作，矿产勘查投入有可能进一步减少，地质勘查工作投入正面临结构性调整。

分类改革后，公益性地质工作将主要由公益一类单位承担，而大多数的公益二类、转企的地勘单位从事商业性地质工作。这从某种意义上看，颠覆了以往地勘单位的生存、发展模式。以往地勘单位在矿产勘查工作方面的投入，主要是靠政

13

府即财政支撑,这是地勘单位生产发展的基础,地质技术服务收入只能起到补充作用。但 2013 年以后,国家取消了对探矿工程的投入,这样,矿产勘查几成"无米之炊"。由此,我国矿产勘查工作恐怕会重新进入一个相对较长的困难时期。

三、构建新型地勘产业模式的意义

随着国内外环境的巨大变迁,宏观经济背景变迁、行业发展遭遇瓶颈、市场竞争加剧、体制机制改革迫在眉睫导致了地勘产业步入了转型升级的关键时期。而如何改革、如何转型升级成为新的研究热点。

第一,地勘产业转型升级是国家加快转变经济发展方式要求的重要一环。从"九五"计划到"十二五"规划纲要,转变经济发展方式的诉求和战略导向贯穿着经济社会发展的各个领域。就地勘单位而言,转型升级意味着从传统粗放的找矿方式中解放出来,探索出一种更高效、更便捷的方式来实现找矿工作,并将更多的精力放置于找矿后续的产业化开发。

第二,新型地勘产业的可持续发展是国家矿产资源安全的重要保障。经济增长和社会发展建立在对于矿产资源及其衍生品的巨大需求之上,并且在经济发展目标的趋势下需求缺口越来越大,矿产资源的储量有限性和不可再生性则决定了当国内矿产资源供应有限时,主要矿产品的对外依存度会不断升高,资源短缺将成为制约我国经济社会发展的限制性因素,影响我国的矿产资源安全。因此地勘单位必须直面转型带来的阵痛,进行体制机制的改革,提升自身技术创新能力、放宽资本进入的门槛等，从根本上革新传统的发展方式，促进我国地勘产业的崛起，肩负起矿产资源保障的神圣使命。

第三，地勘产业转型、构建新型地勘产业发展模式是抓住行业发展机遇的重大举措。国土资源部率先提出"公益先行、基金衔接、商业跟进、整装勘查、快速突破"的新机制推动地质找矿的"358"目标的实现，拉开了各级部门对地勘发展大开方便之门的序幕，一系列对地勘产业发展利好的政策出台后使我国地勘业的发展环境开始迎来良好的历史机遇。因此，各地勘单位需紧紧抓住发展的机遇，积极转变发展方式，提升自身竞争力以应对市场变化，并最终实现地质勘查产业的转型升级。

第四，构建新型地勘产业模式是应对地勘单位体制改革的必然选择。进行企业化改革，使得地勘单位走上企业化运营、市场运作的道路是国家对地勘单位进行改革和发展的基本要求。现有事企混杂体制不利于地勘单位应对市场上越来越激烈的竞争，地勘单位必须向市场要效益，转型升级是地勘单位体制改革的必然选择。地勘单位应直面改革的阵痛，通过事企分离，将市场的血液输入传统体制中，重新塑造管理体制和创新机制，增强地勘经济实体的竞争力，实现由谋求生存的国家事业单位向谋求发展的企业集团转变。

第三节　研究创新点

第一，本书首次提出"新型地勘产业"概念，通过与传统地勘产业相比较,界定了新型地勘产业的内涵和外延,归纳和梳理了新型地勘产业的特点,以满足新时代的需求,突破传统地勘产业发展所遭遇的瓶颈。本书中界定的"新型地勘产业"是指,既不丢失"地勘产业"的产业性质,也要大刀阔斧进行改革和创新,发展适应新时代需求的新型地勘产业:即是以优势矿产品为依托,依靠地质技术和地质人才的支撑作用,在充分继承传统产业优势的基础上,为传统地勘产业赋予新的内涵;充分发挥市场(需求)在资源配置中的引导作用;深度开发矿产品,增加产品附加值,大力拓展地质延伸业,延长矿产资源开发产业链;积极培育新的经济增长点,将新兴地勘业务活动进行产业化,从而构成内涵丰富的"新型地勘产业"。

第二,本书基于案例和实证分析,提出构建符合我国发展现状和发展预期的新型地勘产业发展模式。本书深入剖析加拿大希尔威金属矿业有限公司、澳大利亚必和—必拓集团以及华东有色地质局三个案例,进行国内外地勘产业发展模式的归纳和比较;同时结合我国地勘产业发展现状以及面临的机遇和挑战,通过 AHP 层次分析法进行我国新型地勘产业发展模式影响因素评价体系的构建,并进行影响因素重要程度的排序,在计算结果之上提出五大支撑体系构建出我国新型地勘产业发展模式。

第三,本书通过资本、人才、技术创新、产业发展、政策五个方面进行我国新型地勘产业发展模式支撑体系的构建;以五大支撑体系的改革和创新作为构建新型地勘产业发展模式的突破口,从现有任务、技术、高新科技、涉外等角度的产业延伸、产业发展路径选择、资本市场培育着手作为走向市场的起点,顺应市场经济发展规律,推进地质工作产业化,并勾勒出构建我国新型地勘产业的具体路径,最终实现地质工作的"三化",为新型地勘产业的发展提供理论依据和政策建议。

第一章　理论基础

第一节　产业发展研究

一、产业的界定

马克思在《资本论》中界定的产业是指：资本主义商品经济条件下的物质生产部门，包括所有按资本主义方式经营的生产部门。现代产业经济学认为产业是处于宏观经济与微观经济之间，从事同类物质生产或相同服务的经济群体。因此，产业指生产性企业、行业、部门的某种集合，是由参与社会生产劳动过程的技术、物质、资金等要素及其相互联系所构成的社会生产组织结构体系，不仅包括生产部门，还包括流通部门、中下游服务行业以及其中的各种文化教育等。产业并不是单一、孤立存在的，在产业与产业之间，存在着极其复杂的直接和间接的联系；一个产业作为一个单元，单元与单元总存在着交集或者并集关系；不难理解一个产业的存在，将是其他产业形成和发展的条件。

关于产业的界定众说纷纭,本书通过梳理文献总结出产业所具备的部分特点:第一,产业属于历史范畴,产业是伴随生产力的提升和社会分工的深化而产生并不断扩展的,是一般分工和特殊分工的表现形式;从历史上看,第一批产业是通过一般分工形成的,现代新产业主要是通过特殊分工形成的。第二,在生产力的不同发展阶段,社会分工不断向深层发展,形成了具有多层次的产业。第三,产业作为一个经济单位,并不是孤立存在的,产业与产业之间存在着直接或间接的经济联系,不同的经济单元之间的相互联系构成一个具有函数关系的复杂经济系统。第四,产业是立足于投入追求收益(产出)的活动单元,经济收益是吸引各个经济实体进入或者退出的核心要素。第五,产业的形成是科技进步的结果,科技越进步,新的产业和新的经济增长点就越多。

产业形成意味着产业从"无"到"有"。在形成初期,产业处于萌芽状态,可能一项新业务或新技术、一个或多个新型企业都可能是未来产业的雏形。技术进步是产业形成的核心力量,社会需要是产业形成的最基本、最重要的条件。在产业萌芽与形成过程中,资本支持、资源供给、产业政策等生产要素能否有效配置都可能会影响新产业的形成和成型。衡量一个新产业形成的标志,是这个产业开始肩负起社会经济体系中不可或缺的一部分功能,能够在一定程度和时空范围内满足社会需求。同时具有一定的规模、专业化的从业人员团队和专门化的生产技术装备是新产业形成的外在表象。这两个条件通常用于界定一个新产业形成。已经具备产业雏形的新产业因受技术、市场契机等因素的影响会走向两种截然相反的结局,一种是技术更新快、增势良好、顺应市场需求从而进入产业快速扩张阶段;而另一种则是失去技术支撑、也不能满足市场某种需求而逐渐夭折。因此,对于产业后期持续成长能力的判别尤为重要,通常情况下,人们总是用需求弹性、技术进步、产业关联度、市场潜力等指标来进行测度。

产业发展的实质是产业结构和内容的不断变化过程,是产业不断自我更新的过程,在数量上提高了经济规模和总量,在质量上提高了经济效益和素质,在时间上的演进表现为产业结构的不断合理化和高级化的过程,产业竞争力不断提高的过程,旧产业的衰退和新兴产业的发育、成长和壮大的过程,也是劳动力、资金、信息和技术等生产要素在各产业之间不断流动和消长的过程。在空间结构上的演进,指它在空间上的横向扩张,包括产业整体规模的不断扩大、产业区域分布的扩张、布局优化与产业转移。因此,产业发展的主要内容包括:(1)产业比例变化;(2)新兴产业出现;(3)传统产业退出和消失;(4)产业内部分化;(5)产业布局优化等。随着技术进步和生产社会化程度的提高,应不断淘汰衰退产业,加强传统产业的技术改造,实现主导产业的合理转换,扶持和引导新兴产业。

"产业"是国民经济中重要的组成部分,是经济学重要的研究领域。产业经济理论经过了几十年的发展之后,形成了一个较为成熟的理论体系。本书研究应用到的有产业组织、产业布局、产业政策等相关理论。

二、产业组织理论

古典经济学家亚当·斯密的劳动分工理论和市场竞争理论是产业组织理论产生的重要思想源泉。亚当·斯密提出自由竞争机制和市场秩序的理论,主张自由竞争下的市场机制,政府不应该加以干预,从而创造出一个理想的市场秩序和最优的经济社会。这种理论对产业组织理论的产生发挥了重大的作用。马歇尔夫妇合著的《产业经济学》中将组织作为生产要素引入经济分析中,并揭示出了竞争活力与规模经济的矛盾关系,这是产业组织理论探讨的核心问题。20世纪30年代,作为现代产业组织理论的鼻祖,以张伯伦(E. H. Chamberlin)、琼·罗宾逊(J. Robinson)为代表的英美经济学家提出了垄断竞争理论,在一定的程度上纠正了传统的自由竞争概念,着重分析了垄断竞争、企业进入与退出等问题。该理论的出现彻底否定了纯粹竞争存在的条件,提出垄断竞争的概念,提出了企业在市场上的进入和退出问题。

1959年,哈佛大学经济学教授贝恩在《产业组织》一书中系统地阐述了产业组织的理论体系,该体系主要涉及市场结构、市场行为和市场绩效三个基本方面,被称之为SCP范式。这种范式认为市场结构能够决定厂商行为,厂商的行为影响着市场绩效,主张对垄断进行规制,它的形成标志着产业组织理论体系的初步形成,建立了管理组织的理论体系。在此基础之上,学者谢勒和凯维斯等人完善了市场结构、市场行为、市场绩效之间的反馈效应,他们认为其他的因素也会对市场结构、市场行为和市场绩效产生影响,市场结构、市场行为、和市场绩效之间并不是一种简单的因果关系。

20世纪70年代之后,一些经济学家在"SCP"分析框架之下,根据产业发展的实际需要和面临的问题,对产业组织理论进行了完善和补充。以芝加哥经济学派的思想为主要代表,他们更加强调企业行为对市场结构和市场绩效的影响。例如斯蒂格勒、德姆塞茨等人提出了独立的竞争理论思想和公共政策主张,他们强调个人自由,信奉自由市场经济中竞争机制的作用,主张"法治"而不是"人治",政府对经济生活的干预程度要降到最低。同时他们还强调理论分析,重视根据逻辑和理论来应用价格理论。20世纪80年代以来,学者们侧重从制度的角度来研究经济学的问题,以科斯为代表的经济学家认为制度是经济活动的内生变量,研究重点定位于企业的产权结构和组织结构的变化,相对于过去的研究,制度学派的学者们将研究深入到了企业的内部。这一阶段也被称之为"后SCP时代"。产业组织理论以"市场与企业"为研究对象,重点研究产业内企业之间的关系,即资源占有关系、交易关系、利益关系、行为关系等,从而得出对特定市场绩效和竞争秩序状态的判断,为政府维持基本的市场秩序和经济效率提供理论指导和实证依据。

三、产业布局理论

产业布局是产业生产力的空间分布,具体表现在地域上的分布与组合状况。随着地域之间经济往来关系的加强,产业的合理布局成为来一个重要的问题。产业布局理论是通过研究产业空间的分布规律,关注产业结构变化,来达到产业布局最优化的目的。德国经济学家阿尔弗雷德·韦伯提出工业区位理论,回答了工业企业如何选择布局位置的问题。该理论的核心内容是区位因子分析,按照区位因子影响范围的大小可以将区位因子分为一般因子和特殊因子两种类型。在此基础上之上明确了运输费用、劳动力费用和聚集力是影响区位选择的三大影响要素。运输费用对工业的布局起到决定性的作用,劳动力费用和集聚力与运输费用一样对工业布局起到重要影响作用。在第三次产业革命的影响下,产业布局理论进入了一个快速发展的时期。产业布局的比较优势理论、产业布局的均衡和非均衡理论、增长极理论、梯度转移理论、点轴开发理论、公平与效益选择理论的形成都是对产业布局理论的完善与发展。随着经济全球化和贸易自由化进程步伐的加快,区域联合理论成为国内外学者研究产业布局理论的焦点。

纵观产业布局理论的发展历程,其理论研究的内容主要集中在产业布局的条件、机制、模式、产业结构等方面。产业布局是以一定的市场条件为基础的,产业条件的不同影响着区域内的产业选择,例如市郊区适合以蔬菜、水果为主的农产品的产业集中。产业布局有市场机制和计划机制两种类型,它们决定着产业的空间分布和组合。在一定的社会经济和技术条件的影响下,区域内会形成对应的部门经济结构。尤其是重要部门和具有创新力企业的出现,通常会引发资金、人才、技术的集聚,在加快自身发展速度和提高效益的同时,还可以对邻近地区产生一定的辐射作用,根据自身条件,形成不同的产业机构,从而在区域内实现规模经济。目前中国产业布局的主要选择模式有增长极模式、点轴布局模式、网络布局模式、区域梯度开发模式等,这是产业布局的一般演变规律。影响产业布局的因素很复杂,主要有交通设施、原材料、市场、劳动力、城市化水平、能源、基础设施、政府政策等因素。其中以能源为主的自然因素是产业布局形成的物质基础,对第一产业起到决定性的作用,对第二产业和第三产业构成间接的影响作用。在产业布局时,要充分考虑到区域的影响因素,充分利用积极因素,正确的政策可以推动经济效益的提升和产业布局的合理化,实现区域内的最大效益。

四、产业政策理论

产业政策(Industrial Policy)本质上是一种政府行为,国家主动对产业经济活动进行干预,旨在配置资源。国内外学者对产业政策研究的侧重点有所不同,日本学者强调产业政策的内容和特征,相比之下美国学者更加注重从产业结构优化和培养产业竞争力的角度进行研究。以日本学者小宫隆太郎为代表提出的"市场失灵"理论,认为垄断、信息不对称会导致市场失灵,政府干预就是弥补市场失灵的有效方式。在"市场失灵"理论之后,先后出现了"赶超战略"和"国际竞争"理论,解释了对于发展中国家来说,合理的产业政策有助于实现国民经济的超速发展,产业政策在国民经济的发展过程中起到了积极的导向作用。

　　产业政策可分为产业组织、结构、布局、技术政策;根据对象的领域不同,可以将产业政策分为金融政策、对外贸易政策、中小企业政策等;根据政策目标的不同,可以将产业政策分为战略产业扶持政策、新兴技术产业化政策等。显然产业政策的根本目的是实现产业结构的合理化,提高产业的竞争力。产业政策手段有直接干预、间接诱导、法律法规三种表现形式,例如常见的许可证制、政府投资经营、税收减免、财政补贴、立法方式规定企业行为等。根据实际经济发展的需要,产业政策具备时代性的特征。但是产业政策也具有一定的局限性,产业政策并非对任何企业都能起到同等的作用,产业政策与政府是紧密相关的,政府的失灵与否决定着产业政策的有效性,而且产业政策制定的成本高,需要一个比较长的制定周期。从产业政策的定义和分析来看,在市场经济运行中,产业政策具有导向作用,有助于促进区域市场的发育和形成。

　　通过对地勘产业相关理论的梳理发现,国内外学者对地勘单位及产业的发展作出了多方面的研究,也取得突破性的研究发现,其中,我国的学者对地勘单位的体制改革、人力资源、投融资渠道、地勘政策的研究较为丰富;国外的学者更多的是从地勘技术创新及应用等角度进行探讨。这些成果对如何发展地质勘查产业提供了重要的参考。

　　目前对地质勘查产业发展的影响因素的研究主要是定性研究,研究比较分散,缺乏系统性。国外的研究在理论和实践

25

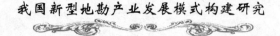

上对我国地勘产业的发展提供了非常有价值的借鉴。地质勘查行业体现了特殊产业与一般产业性质的两面特点,要整合各种资源和从多维角度对它进行有效的探索,利用全局思路对其进行系统的阐述。但目前的探索成果大多只是提出问题以及进行表象分析,缺乏探因溯源的研究,并没有指明影响地质勘查产业发展的主要因素,也没有揭示它们之间的相互影响关系。

第二节 技术创新与产业升级的宏观波动效应

美国著名经济学家约瑟夫·熊彼特(1926)在其专著《经济发展理论》中首次明确了创新理论对经济增长的作用,之后进一步突出了在创新在产业演变中的"创造性破坏"作用。

伊诺思(1962)在《石油加工业中的发明与创新》中首次明确提出了技术创新的定义,其从集合论的角度,将技术创新归纳为"几种行为综合的结果,这些行为涵盖研发选择、资本保障、组织构建、确定计划、人才引进及市场开拓等"。美国国家科学基金会(1976)将技术创新定义为是新的或升级的产品、过程或服务进入市场,并且将模仿和无须引入新知识的改进定位为最后层次上的创新,并将其纳入技术创新的范畴。傅家骥(1998)①认为技术创新会对产业发展产生影响,即企

---

① 傅家骥:《技术创新学》,清华大学出版社1998年版。

业家充分利用潜在的获益条件,为了赚取利润,再次整合资源要件,创建出更好、更高效的发展体系,以此来达到技术更创新、市场更广阔、产品更优质、组织架构更新颖的目的。为了达到既定的社会发展与经济增长目的,政府必须出台干预产业的生成与运转过程的各种方针和政策,即称为产业政策。要想产业发展必须有高效的产业政策来支持。《中共中央国务院关于加强技术创新,发展高科技,实现产业化的决定》①(1999)定义技术创新为"企业应用新的知识、技术、工艺,或利用新的经营管理、生产模式,提升产品质量,开发新的产品,提供新的服务,占据并实现市场价值"。

清华大学吴贵生教授强调,技术创新是新的技术构想通过研发或技术组合,投入到实际生产运作中产生经济、社会等一系列效益的商业化的活动。因此,技术创新可以看作是以市场参与主体为依托,以技术革新或改进为基础,立足市场需求、行业竞争等外部性环境变化,以成功创造价值并实现经济社会效益为目的,技术与经济相结合的多层次、完整系统活动的全过程。

与此同时,美国战略管理学家迈克尔·波特(1990)提出,产业升级是在国家或区域内,资本相比土地、劳动力等生产要素充足时,在资本和技术密集型产业中拥有发展溢出优势。莫里森(1996)认为产业升级是产业内或区域内向更高附加值产品转移的动态专业化发展。陆国庆②(2003)指出,

---

① 中华人民共和国科学技术部网站,http://www.most.gov.cn/gxjscykfq/wj/200203/t20020315_9009.htm。

② 陆国庆:《衰退产业论》,南京大学出版社2002年版,第158页。

产业升级是产业生态由简单向复杂转变,产业功能由低级向高级发展的过程,具备三重含义:一是实现产业内产品使用价值增加的专业化过程;二是提高行业生产效率;三是新技术的推陈出新,产品技术含量提升。

本书从地勘产业内及与其他产业间的相互关系给出地勘产业升级的界定和解释,地勘产业升级应当包含:第一,地勘产业内的升级发展,包含了产业内结构的升级调整。行业中的企业整体上,在产业内的竞争环境中,其生产产品、服务的数量和质量的整体升级。当行业内的战略环境由"蓝海"向"红海"转变,争夺目标市场的压力迫使企业不断发展,其最直观的结果,行业内的集聚度越来越高,规模效应越来越明显,直至行业发展出现局部均衡与稳定。第二,向更高附加值的产业升级,意味着宏观层面的产业间结构的变迁。某个行业随着行业内价值链的调整和延伸,开拓或逐渐打开更具价值的环节,随之行业内生产要素向新的"价值洼地"靠拢,完成产业的升级;技术创新的创造性破坏,低技术、附加值产业面临市场环境的洗牌,如政策调控,资源供应不足,利润空间锁死等,主动变迁向高附加值行业升级。

钱纳里(1986)借助多国模型,按照不同的人均收入水平将一国(或地区)经济发展的过程划分为六个时期,并提出在工业化后期,技术创新将逐渐替代资本、规模效益成为经济发展的首要市场要素。2014 年,中国国家统计局公布数据显示,我国人均 GDP 约为 7485 美元[①],按照钱纳里研究测算的

---

① http://www.guancha.cn/economy/2015_01_20_306931.shtml.

标准,我国现阶段已经进入工业化后期。因此,未来技术进步、知识创新等要素的积累将对我国可持续性经济发展产生决定性影响。

从行业发展的中观层面看,技术创新会对地勘产业升级形成三重波动效应。首先是颠覆式创新对现有产业升级产生推动效应,其次是扩散性或模仿性创新辐射带来的乘数效应,最后是立足于技术竞争上产业间发展更替的选择效应。鉴于本书主要探讨单个产业升级问题,技术创新对产业升级的促进形式可从以下几方面展开:

技术创新提升和创造了需求,从而促进地勘产业升级发展。社会经济发展中的需求是地勘产业存在的基础。技术创新通过技术上的突破满足现有需求,挖掘潜在需求的价值,拉动了整个行业市场容量的扩大,丰富了产业内产品或服务的层次;而且某些时代性的技术进步呈现质的飞跃后,往往能培养出一个全新的市场需求,延伸而形成一个新的市场,带领整个产业进入一个更高的层次。

技术创新"溢出效应"对地勘产业升级提供支撑。产业内技术创新效应通常表现出三个维度:创新技术的效率溢出,创新市场的价值溢出,创新利益的效益溢出。从企业角度看,产业内技术创新者通过其创新而占领了新的市场份额,促使跟随者得到启发而进行创新或模仿,由于知识溢出进一步降低企业发展的研发成本,也加速了新技术的扩散,推动行业的产品或服务质量的改善。

技术创新的变迁影响地勘产业发展的生命周期。地勘产业发展有着其运行的客观规律,也遵循引入、成长、成熟和衰退的发展轨迹。通常产业的兴起往往伴随着一项突破性的技术创新,新技术引领新的经济范式;进入到快速成长阶段,行业内的技术创新由数量化转向集成化、标准化创新;在成熟阶段,行业技术创新进入到渐进性的创新,此时更加关注创新的成本和可维护性;在衰退期,一旦不能突破"利润丧失—创新乏力—行业退出"的恶性循环,行业技术创新将进入瓶颈。而事实上,技术创新并非均等地分布在整个经济部门,因此不同的产业呈现出差异化的生产效率,行业发展的兴衰起伏也就不可避免。

第三节 基于"效用—价值"的产业转型路径

19 世纪 70 年代,欧洲经济学家杰文斯、门格尔、瓦尔拉斯等在总结过往研究的基础上,首次提出效用价值论,认为效用是商品具备某种物理或化学性质,以使其能够满足经济活动或者日常消费的某种需要,具有效用的商品构成了社会的物质财富。20 世纪初,英国经济学家马歇尔提出,需求以效应价值论为基础,利用需求价格将边际效用递减转变为边际需求价格递减规律,发挥价格传导作用,推出了无差异需求曲线;①假定生产费用是供给的基础,利用货币生产边际成本的递减推导出供给曲线,由供给和需求形成的市场均衡价格解

---

① [英]马歇尔:《经济学原理》,商务印书馆 1981 年版。

释了商品价值形成的问题。

因此,效用价值论的基本观点认为,商品的效用是价值形成的基础,商品价值的高低取决于效用的大小,商品的效用被当成生产要素投入到经济生产运作中才有衡量价值的可能。效用价值论认为价值的实现取决于商品的效用和稀缺性,取决于市场中消费者所接受到的边际效用。

从广义上看,地勘产业转型是整个经济的需求随着技术进步、需求水平的提高而使得全社会效用曲线整体向上移动,原有供给能力的结构性不足导致均衡价格的提高,从而对产业价值提出了更高的要求,整个经济需要更高层级别的生产力来满足经济发展的需要。从这个角度看,地勘产业转型可以看作是在整个经济层面以产业为突破,不但包含了价值衰退环节的淘汰,产业结构的优化升级,而且涵盖了产业不断演变过程中进行的体制转轨变迁、生产要素重心变化、自然环境调整、技术条件改善等,呈现出一个复杂系统共生变化的状态。它反映的是经济活动中整个行为过程的转型。因此,地勘产业转型也可以进一步理解为经济可持续发展过程中生产与消费的转型。

从狭义上看,地勘产业转型是产业内企业在产业价值链条以及各自所在分工环节变化使得企业所产生的市场边际效用变化,由此而促使企业为获得价值(市场福利)而进行的战略决策。这是与产业淘汰相对的市场选择的最终形式之一。由此可见,产业转型是产业发展过程中产业层次或者产业类型的进化,是生产要素的配置与利用在产业发展过程中发生的量变直至质变的组合过程。通常产业转型中落后的、缺乏竞争力的产能淘汰，培育具有竞争力、能够适应产业环境的新产能。从深层次来看，地勘产业转型就是过去的资源禀赋在产业动态演化中的再配置和再使用，它是产业在开放的过程中，不断由"非稳态—演化—均衡—升级"的螺旋式上升的进程。

本书于研究内容所需，以狭义的定义出发，从中微观层面认为，地勘产业转型的方向大致可从以下几个方面开展：

产业关系转型。主要指产业内的关系网络以及基础发生深层次的结构变化。从产业制度规制的角度看，通过产业内企业所有权变化、劳动者与经营者的相对关系、经营权与所有权、国有经济与私营经济的关系等来观察是否发生产业转型。国外学者科汉（Kochan）等人对美国产业转型研究时发现，交易场所逐渐分散，各交易场所决策的独立性增强，与此同时，行业组织、就业条件、劳动福利等也逐渐变化。洛克（Locke）等人在研究美国和欧洲等发达经济体的产业转型过程时归纳了四个共同点：技术创新、范围经济显现、要素流动性更优、产业限制性障碍减少。

重构产业布局。产业转型中应当从传统单纯注重规模布局向协作分工、相互联系的布局靠拢，更加注重范围经济的作用，避免进入"马歇尔陷阱"。尤其是单个产业转型，应首先立足产业链上功能分解，应当注重立足核心竞争力的提升，鼓励产业内的企业根据价值分布自由布局产能，不能盲目采取集团化、纵向一体化的产业发展战略。

调整产业组织。通常产业转型在微观上的直接表现就是不同分工、不同产业环节的企业之间的协作关系发生改变,企业的组织空间行为也会发生变化。20世纪初美国逐渐完成转型,由加工贸易向钢铁、汽车、化工等重型工业为主导的产业演进,而其在产业转型过程中形成了以福特、美孚石油等大型托拉斯为典型代表的现代企业组织;而在21世纪初,互联网浪潮覆盖全球,以美国雅虎、谷歌等为代表的一批高科技创新企业以更加扁平化、信息化的产业沟通模式使得产业间的分工空间明显扩大,更具活力。

第四节　产业生态创新与地勘产业转型

美国学者艾瑞斯(1969)在研究物质材料流动时首次描绘了产业生态的概念。罗伯特·弗洛斯克和尼克拉斯·格拉洛珀斯(1989)正式定义了产业生态的概念,他们提出工业生产应向产业生态系统转变,逐渐建成与自然生态系统类似的产业生态,使得能量和物质获得最优化利用,产业间的企业相互依存、相互作用而组成一个强大的系统。保罗·霍肯(2001)认为,产业生态首次给出了大范围的、整合的管理方式,并应考虑建立与自然系统接轨的人工生态系统,将二者相互连接设计产业基础结构,投射到整个产业的运行中,将各个企业"新陈代谢"有机联系起来。郭莉(2009)指出,产业生态创新是指区域产业系统从传统的线性生产模式向产业生态系统的转变。在本书看来,从经济学范畴而言,产业生态创新最直接的意义在于它强调了在资源环境约束状态下,在技术条件应允的前提下,通过高效率的途径改善了经济运行的方式,最大限度地实现生产产品和利用各种生产要素投入的利用,探讨产业系统与经济系统以及它们同自然系统的关系(IEEE,2000),并实现经济运行与环境的协调共存。其应对的核心问题是资源的正确使用和高效率地配置。

地质勘查业是保障我国社会主义经济建设高速平稳发展的战略性基础服务行业,其工作的主要内容是提供经济社会建设中所需的地矿资料,涵盖了工程、水文、矿产、环境治理、减灾防灾等方面的重大经济民生事业。2015年《中共中央国务院关于加快推进生态文明建设的意见》明确指出"加快推进生态文明建设是加快转变经济发展方式、提高发展质量和效益的内在要求,是坚持以人为本、促进社会和谐的必然选择;全面促进资源节约循环高效使用,推动利用方式根本转变;加大自然生态系统和环境保护力度,切实改善生态环境质量"。

就地勘产业转型而言,产业生态创新与生态文明建设的阶段性目标是一致的——即在发展的前提下释放最大的生态效益。产业生态创新研究对象是产业系统,研究的内涵是通过生产要素利用的经济性和环境的匹配性,让各项投入产出循环优化,最终实现经济发展与环境保护的均衡。生态文明则强调在自然约束力内,结合人类生存的周围环境系统,有意识地创造、维护一个与自然和谐共存的可持续的经济社会系统。而地勘产业转型的实质则是立足于生态文明建设与经济发展转型的迫切需求，借助产业生态创新的研究实现转型。

从宏观看，地勘产业转型应立足于经济整体转型发展的需要。产业生态创新的主要目标是为了促进整个经济系统实现资源有效、有效率地运用，实现资源全局配置与环境协调共生。如资源型城市的水土保持、矿区复垦、灾害防治等，城镇化进程中环境、水文、工程建设等，原材料中清洁能源勘探等等都要求地勘产业紧扣经济转型的时代背景。与此同时，地勘产业的地位和作用需要其在转型过程中在全局高度考虑如何服务好与之关联紧密的其他主导产业，通过与这些产业的转型同步带动地勘产业自身的转型。

从中观看，地勘产业转型必须推动行业内资源要素自由流动，鼓励符合市场发展的良性竞争。进一步地说，产业生态创新是通过健全产业系统内要素、信息交流机制，降低行业交易成本等方式推动行业内的企业进一步改进协作分工关系，创造更高效率、更高水平的资源配置系统。产业转型的内在动力来自于行业内参与分工企业在市场竞争中不断提升各自的经营能力。由此而言，地勘产业转型必须在市场优胜劣汰的过程中让技术水平高、竞争力强的地勘单位迅速发展，打破地勘行业过去向政府"等靠要"的发展模式。

35

第二章　我国地勘产业现状及问题分析

第一节　我国地勘产业发展现状

一、地勘产业运作机制现状

我国矿产开发体制,在新中国成立初期作为采矿业的附属存在,带有鲜明的计划经济特征。计划经济的特征是生产资料归政府所有,经济的管理实际上像一个单一的大公司。在这种体制下,用计划来解决资源配置和利用问题,产品的数量、品种、价格、消费和投资的比例、投资方向、就业及工资水平、经济增长速度等均由中央当局的指令性计划来决定。实践证明,它不能有效实现资源的优化配置,导致了社会主义国家经济体制改革和资本主义国家国有企业私有化的浪潮。改革开放之后,我国地勘产业虽然引入了市场经济作为调节机制,但总体来说还是做得不够,没有形成良性的资源共享机制,没有充分利用市场这只"看不见的手"调节自己的开采技术和调整运营机制。

当前我国地勘产业发展中有这样几点问题需要解决:第一,明确矿业权转为企业资本金的优惠政策,解决企业进入市场的资本金难题;第二,设置合理的市场准入制度,让改制企业同事业性单位在市场上更加公平竞争;第三,对于单位改制后出现的无法自行解决的问题,比如退休职工和无法进入市场竞争的人员的生活问题,国家应该推出补偿措施,免除他们的后顾之忧;第四,地方政府不能将政治权力和经济权利一体化,反映在矿业权的管理上,政府不能兼有管理矿业权又经营矿业权的双重身份,要从经营矿业权领域里退出来,才能在矿业权管理上做到公平公正,才能真正加强管理矿业权政策法规的执行力。

二、地勘产业投融资平台建设现状

矿业公司在基础设施上需要投入大量资金,包括生产设备、技术的投入等,矿业是一个资金需求很强的产业。生产过程中,矿业公司各种生产要素的投入都是资本的投入,矿业公司与普通的经营性公司相比,对资金的要求更高,需求更强,矿业投资一般都规模巨大,再小的矿山也可能需要上千万元的资金投入。

中小矿业公司对资金的巨大需求与其融资能力的缺乏和融资环境的制约之间存在着严重的供求矛盾,而且融资的巨额需求与实际融资量之间存在极大的反差。目前,中小企业的融资方式依然以间接融资为主,其中通过银行贷款进行融资的方式所占比重较大,这就直接导致中小企业金融资产结构很不合理,普遍存在金融资产同质化问题,直接融资比重偏低。大型企业的境况截然不同,在直接融资领域,搭乘上市融资的"航空母舰",动辄在股票市场和债券市场融资;另一方面,在间接融资领域,它们也成为"明星",各层次的金融机构为与它们建立银企关系争得"头破血流"。大型企业和中小企业的融资现状形成了鲜明对比,中小企业在直接融资领域,由于门槛的限制,不能跨进证券市场;在间接融资领域,大小金融机构对其并不重视,与金融机构之间的"伙伴"关系演变为"爷孙"关系。这种困顿的融资局面,使得急需资金的新兴中小矿业公司长期陷入融资难的困境,甚至威胁到企业的生存。

中小矿业公司的外源性融资、直接融资、通过资本市场融资方式的比例很低,目前主要依靠的是自身的积累和债权性融资,中小型矿业公司不属于银行重点放贷对象之列。民间借贷的方式也是中小矿业公司最主要外源性融资方式,而中小型矿业公司集中至民间资本市场进行融资势必导致成本增加,这也会推高民间借贷利率,导致中小矿业公司外源性融资过程中出现高利贷现象。中小矿业公司的整体成本抬高,进一步加重了公司的融资负担,从而制约了中小矿业公司发展和竞争力的提升。

金融机构往往忽视中小型矿业公司,所以在信贷上给予的支持较小;商业银行对中小矿业公司发放贷款态度也非常谨慎。在巴塞尔协议体制以及金融机构监管指标的要求下,必然会使得金融机构的信贷政策呈现出"嫌贫爱富"的特征。与此同时,中小型矿业公司的一些先天不足,例如资金周转周期长、贷款回收和监控成本高、财务状况不透明、信息不对称、信用度较低、道德风险相对较高等也加大了银行贷款的风险,使得其融资更加困难。尽管各级政府为了中小矿业公司的融资事宜,组织了各种类型的协调会、洽谈会用以沟通和交流,推动建立中小型企业与金融机构的合作关系,然而银行看重的并不是政府的支持,而是企业自身的资信状况和还贷能力,最终协调成功的融资事例屈指可数。

三、地勘产业市场发展现状

在国家的矿业保护性法规政策下,一些具有地方特色需要保护的矿种分布区,开发技术条件不成熟而形成了一些限制勘查区。限制勘查区域的存在,使得我国在本来矿产资源富集程度低的情况下,又进一步导致矿产资源开发量降低。

限制开采区,虽然基本符合开发利用布局,但也是矿产资源相对集中的可采区域。区内在一定程度上存在矿产资源储量相对不足,矿产开发利用的技术经济条件尚不成熟,矿产开采对生态环境和自然景观有较大影响,与环境规划建设间存在一定矛盾等方面的开采限制性条件,若需要协调发展必须采取有效措施加以解决、控制或调整。

保留或转让矿产资源现象突出。假定资源储量或富集程度达不到最低开采规模及相应的服务年限,又无进一步找矿前景时,或者查明资源的矿产开采技术条件不具备,勘查程度

39

不够,又无力进一步开展工作,通常会产生矿产资源占用并保留或者转让的现象。

这些现象的频繁出现,主要是由于技术不足,使得我国地勘产业无法获得持续有力的发展力量。离开了先进的科技,就丧失了有力的支持,无法从根本上摆脱粗放的生产方式。在技术方面,硬件上缺少先进科技设备的补充,从而使得许多地质大队陷入发展困境,面对各种复杂的地质条件只能望洋兴叹。在科技队伍建设方面,人才梯队发展的短板,使得地勘单位难以学习到地勘技术及管理前沿的理论和方法。

第二节　影响我国地勘产业发展的问题

一、地勘产业体制机制亟须改革

(一)管理机制需进一步理顺

地勘单位进行属地化管理之后,地勘行业没有实现真正的"事企"分离,还处于事企混合运作的状态。现有的体制在产权制度、分配机制等方面责权不明,目前各省级地质局下属的矿业公司还没有完全自主的经营权,在诸多方面依然要遵从多层的行政指示。虽然改革开放之后引入了市场经济作为调节机制,但总体来说还是做得不够。没有建立真正意义上的现代企业制度,地勘企业长期受计划经济的束缚和影响,市场意识严重滞后,经营机制不能转换到位。以省级地勘单位平台分散管理的现行体制下,其运行机制具有很大冲突,矿业公司、地质大队等作为省级地质局的二级单位,业务审批、人才引进、财务运作、发展战略必须完全依附于上级,并参照各级政府政策或指示来开展工作,难以根据其所在地区差异获得当地政府的地方政策支持。

(二)人才储备需进一步加强

地勘单位队伍建设和人才建设机制问题突出。目前地勘产业职工专业素质总体偏低,知识结构老化,有很多工作者没有经过新的专业的技能培训,仅凭工作经验来展开工作,应用新科技和新仪器的意识不强,对新工艺、新方法的研究程度不深。地勘单位每年都会通过社会招聘或者人事考试来引进高素质人才,但是优秀地质人才的培养需要一个相当长的周期,尤其是复合型人才的培养,既能掌握专业技术,又能够参与地勘单位经营管理、运作团队参与市场竞争的人才更是稀缺。随着地勘经济的快速发展,地勘单位人力资源方面的问题会更加突出,这严重制约了地质工作和地勘经济的进一步发展。

二、矿业权市场亟须规范

(一)矿业权出让方式不够规范

我国政府矿业权一级出让采取的是"招拍挂"方式,而"招拍挂"方式理论上是有其适用范围和条件的,应该加以选择使用,如果一概而论,全部实行"招拍挂",有可能导致矿产品价格市场传导机制失灵的严重后果,使得市场的调节作用减弱。在实践中,有的地区就是不分实际情况,矿业权出让一律以"招拍挂"方式进行,忽视了矿产勘查的高风险性特征。在发达的市场经济国家,由于探矿权交易风险过高,以"招拍挂"方式出让探矿权是很少见的。21世纪初以来,我们国家矿产品的价格变化很大,地方政府追求矿权出让价格越高越好,这也是"招拍挂"方式在实施过程中出现的最大问题,这实际就是政府参与矿业权经营的实质,这种做法的后果就是加大了投资风险。由于对矿业权出让的一级市场主体规范欠缺,"招拍挂"带来的隐性投资风险在很多情况下是难以避免的。

(二)矿业权隐形转让市场普遍

我国矿业权转让市场普遍存在"隐形"转让问题,尤其是一些基层乡镇矿山企业一般通过承包方式来引入民营资本,承包人向政府、村委会交承包费或管理费;有的矿业权人则采用如托管、委托经营、出让坑口等矿业权与经营权分离的方式进行运作;有的采用改变经济类型或者投资人,但不变更采矿权人名称的方式来规避转让审批和监管。这些实际中普遍存在的现象表明,由于管理部门缺乏有效的监管和处罚,从而在私下已经形成了矿业权转让。伴随着国家对矿业产业的监管越来越严,秩序整顿力度越来越大,在安全、环保方面的要求更加严格的情况下,更多的人将注意力放在"炒矿"而非"开矿"上面,由此引发"炒矿"热潮。事实上大部分的"炒矿者"

并没有相关产业的经验,不懂矿业产业投资的风险,仅仅是想通过炒作获取暴利,所以并不会在竞拍前组织专业队伍对拟竞拍的矿权进行充分调研和论证,单纯的凭借自身资金实力赢得矿业权,从而使得矿业权价格严重超出了其实际价值,形成虚高;而理性的或者有相关知识经验的矿业权投资者在竞拍价格超过其预期的合理价位后就会主动退出。因此,在绝大多数的竞拍中,理性投资者往往不能取得矿业权。这种矿权炒作的危害最直接的是将真正有意进行矿产资源开发的投资者挡在市场之外,最终将导致矿业权市场的衰败。

（三）专业性矿业权中介机构缺乏

由于我国矿产资源资产化管理起步较晚,矿业权市场发育迟缓。统一的矿业管理体制、矿业企业经营机制越来越不适应社会主义市场经济发展的要求,矿业资本市场、矿业权市场、社会中介组织等发展速度缓慢。国有矿山企业负担重,经济效益差,困难重重。矿业投资环境不佳,投入严重不足,缺乏活力和发展后劲。

目前能为商业地质和矿业权交易市场提供中介服务的只有矿业权评估机构和储量评审机构,这二者既不是协会,也不成体系,就导致各类矿业权市场中介机构缺乏,制度不健全,服务水平不高,信用水平低下。缺乏综合性的中介机构,专业中介组织的建设有待完善,这就急需建立一些拥有高水平专业人才的服务机构,如独立地质师协会、矿业权评估师协会,包括地质学会、物化探学会在内的中介服务体系。除去这种服务中介体系不健全以外,我国的评估机构制度也有一些弊病,在实践中也出现了一些问题。某些地方在进行矿业权交易时,较小的矿业权没有界定标准,易造成主观抬升矿业权价格的现象。再如,有的地区获得探矿权的成本较低,使得利润空间较大,但在市场价格上涨的情况下,评估机构对矿业权评估定价偏低,这就不能起到参考作用,失去了评估机构参与的价值。目前矿业权评估机构行业规范不健全,对矿业权评估师等资质人的法律约束不够,实行的评估方式不合理,容易导致弄虚作假行为的产生,不能适应市场发展的需要。

矿产资源体制机制的不完善严重影响了矿业企业的市场竞争力。作为矿业主体的各矿山企业,普遍面临经营短视、资金短缺、上下游产品比价劣势、过度竞争等突出问题,多数矿山企业的投资利润率低于 5%,企业竞争力长期处在较低水平。

三、地勘产业技术水平偏低

国家实行保护性开采、具有地方特色需要保护的矿种分布区,因为开发技术条件不成熟而形成了一些限制勘查区。限制勘查区域的存在,使得在本来矿产资源存储量低的情况下,又进一步导致矿产资源开发量降低。以湖北省武汉市为例,根据武汉市矿产资源的赋存特点及其开发利用的技术经济条件,特别是为了重点满足武汉市城市发展规划和相关地区社会经济发展的需要和要求,针对武汉市主要矿产集中区,将其划分为限制开采区和禁止开采区两类,共计 68 个。其中,限制开采区 39 个,禁止开采区 29 个。① 在一定程度上,可采区域内存在矿产资源储量相对不足,矿产开发利用的技术经济条件尚不成熟,矿产开采对生态环境和自然景观有较大影响。这些客观的问题与湖北省环境规划建设之间存在一定矛盾。若需要实现协调发展,必须要采取有效措施加以解决、控制或调整。

　　矿产资源开发停滞或转让开发现象突出。这种现象主要发生在当矿产资源储量达不到最低开采规模及相应的服务年限,又无进一步找矿前景时,或者查明资源的矿产开采技术条件不具备,勘查程度不够,又无力进一步开展工作。这些现象的频繁出现,主要是由于技术不足,使得我国地勘产业无法获得持续有力的发展新生力量。离开了先进的科技,就丧失了有力的支持,无法从根本上摆脱粗放的生产方式。在技术方面,硬件上缺少先进科技设备的补充,从而使得基层的许多地质大队陷入"巧妇难为无米之炊"尴尬境地,面对各种复杂的地质条件只能望洋兴叹。而在实力上,人才引入不够,对口型人才匮乏,使得地质大队无法触及地质上、管理上的前沿知识。

　　由于找矿难度的增加和勘查投入的不足,新发现矿产地及新查明的资源储量较少,主要矿产储采比下降,后备资源紧缺,保障程度降低;现有大中型矿山多已进入中晚期,资源逐渐枯竭,开采难度越来越大,供需矛盾加剧的同时对

45

---

① 数据来源:《武汉市矿产资源总体规划(2006—2015 年)》。

生态环境的破坏严重。小矿山的技术和装备水平较低,经营管理粗放,使得矿石采选回收率低下,资源效益和经济效益较差。

四、融资渠道不畅

近年来,随着其他产业的发展与兴起、人口的不断增加,我国对矿产资源的需求也将持续增长,矿产资源的供需矛盾更加突出,形势十分严峻。究其原因,主要是矿业企业过度负债,资金短缺。矿业权的取得通道不畅,限制了地勘单位找矿投入,影响地勘单位找矿取得突破。矿业权,特别是探矿权是地勘单位维持找矿和简单再生产的必要条件。甚至对于基层某些地质大队而言,探矿权是利润之源。但目前矿业权申请的程序过于繁杂,申请周期长,成本高。而且优势矿业权数量稀少,给地勘单位的发展带来了一定的挑战。特别是在我国矿业资本市场发育不成熟,矿业公司上市困难的情况下,融资困难成了制约我国矿业可持续发展的重要因素。因此,矿业权交易平台的建立意义重大。

已建立的矿业权交易中心主要采用公司制和事业制两种形式,不同交易中心的管理制度差异化较大,交易中心的相关管理制度建设比较迟缓,在交易服务费用标准、交易信息发布、交易数据统计等方面缺乏统一的规范。随着矿业权交易中投资主体多元化的转变,对交易信息的服务格式标准化要求越来越高。

在实际工作中,这些要求并不能得到满足,据一些地方反映,由于缺少交易平台,交易周期长,交易信息难以公开管理,更令人惊讶的是,在二级市场转让的矿业权,很多情况是双方交易后才由国土资源部门审批,这种交易时间和交易秩序上的混乱,致使倒卖矿业权现象的发生,国家利益难以保障。因此,建设全国性矿业权交易场所或者信息发布平台可以很好地解决矿业权转让和可供勘查开采的矿产地信息量少、覆盖面小、渠道不畅、透明度不高的问题。

在地勘经济体制改革以前,我国地勘产业的发展主要是靠国家财政投入。1998 年之后,随着财政投入比重的逐年减少,地勘产业向多元化融资的方式发展,逐步扩宽了融资渠道。但是地勘产业的发展仍然受困于资金问题,具体来讲地勘融资主要存在以下几个方面的问题:

第一,矿业权流转制度还不够完善。矿业权的买卖是矿业公司融资的重要方式。在矿权的评估过程中,由于评估人的素质参差不齐、矿权评估制度透明度差等原因,导致了评估的结果缺乏权威性,进而使得矿业权在资本市场中流转受阻。

第二,融资能力差。在债权性融资市场上,商业银行本着低风险性的原则,倾向于大型的矿业公司,小型的矿业公司不受重视。很难达到金融机构设置的安全性标准,难以通过商业银行筹得资金,矿业公司的流动资金得不到满足,可以说小型的矿业公司已经游离于银行重点放贷的对象之外了。

第三,融资成本高。由于我国的资本市场发展不够完善,小型的矿业公司很难通过债权市场融资,在无法通过正规的渠道获取资金的前提下,只能转向采取一些非正规的融资途径,例如地下钱庄、民间高利贷等。这些方式的融资成本较高,有的利息高达银行的数十倍。随着政府对金融秩序的整顿,非正规的融资渠道也逐渐减少,再次加大了矿业公司的融资难度。

五、下游产业培育不足

一方面,由于找矿难度的增加和勘查投入的不足,新发现矿产地及新查明的资源储量较少,主要矿产储采比下降,后备资源紧缺,保障程度降低,现有大中型矿山多已进入中晚期,资源逐渐枯竭,开采难度越来越大,供需矛盾加剧。

另一方面,地勘产业中的主导产业和非支柱产业优先发展的顺序不够明确,在地勘产业发展的过程中出现了多种问题。首先导致了我国地勘产业的外部和内部资源难以实现有效的流动,无法形成产业规模优势。其次,经营领域狭窄,并没有在保持核心经营领域的同时进行有效的整合,导致了地勘产业内部结构和产品的构成缺少层次性。

在传统地勘产业存在布局分散、产业规模小、科技含量低等多种问题的背景下,地勘单位培育接续产业的力度不足。现阶段我国地勘单位主要的业务仍然是地质勘查,大多数是针对社会地质勘查项目,经营的业务范围相对狭小,而且地质勘查项目的稳定性不够,影响着地勘产业的可持续发展。

第三节　我国新型地勘产业构建
面临的机遇与挑战

一、政策机遇

为了更好地贯彻党的十八大精神,我国地勘产业紧紧围绕"富民强国,服务中国特色社会主义社会与经济发展"的宏伟目标制定了"一体两翼"发展战略,即以地质找矿为主体,以发展环境地质和地质经济为两翼。明确了要加快地质经济转型发展,要从单一找矿向探、采、工、贸转变,从劳务管理型、经营管理型向科技创新型转变,从内向型向内外兼备型转变。坚持以服务经济社会发展为导向,依托优势矿产资源加速推进矿产开发,逐步将矿业经济打造成为全局性新型矿业的重要支柱。以市场为导向,不断培育经济增长点,提升企业在工程地质市场及地质工作延伸领域的核心竞争力。充分发挥自身优势,加大市场经营和资本运作力度,加快矿产开发步伐,推动工程地质和地质延伸产业健康发展,实现新型矿业快速、可持续发展。国家和地方政府的系列政策方针给地勘产业的发展提出了更高的要求,也指明了地勘产业发展的改善方向。

二、市场机遇

改革开放以来,我国地勘产业开始有计划、有步骤地加入国际地勘市场的竞争中,取得了令人满意的成就。随着我国

49

大力推进"一带一路"建设,不断增加对外基础设施、产业投资等的规模,以更加积极的姿态敞开国门,对外开放,扩大中国经济在世界的影响力,新的国际市场机遇将为提升我国地勘产业国际化程度,增强我国地勘产业的核心竞争力带来更加广阔的发展空间和历史机遇。

三、面临的挑战

开展新型地勘产业的构建,必须破除体制机制障碍,激发创新创造活力。地勘行业作为我国地质工作的排头兵,肩负着提供矿产资源保障和地质环境保护的重要职责,也面临着诸多困难和挑战。目前地质工作的各种体制还不够完善,矿业权市场、地勘资本市场尚未建立,可持续发展的产业支持建设未能取得显著进展,新型地勘产业的发展面临挑战。

(一)劳动力结构调整的挑战

现有地勘产业的从业者大多数都有地质类相关专业的教育背景,他们对地勘行业本身有着较强的适应力。但是,随着改革开放的进一步深入和地勘产业市场化程度的不断提高,地勘产业对复合型人才的需求也在逐渐扩大。要改变传统上地质类教育背景为主的劳动力结构,并按照市场的实际需求对其调整,是下一阶段我们着眼的重点,也是新型地勘产业构建过程中面临的一大挑战。

(二)金融政策适应性的挑战

金融资本是地勘产业持续发展和规模扩张的重要影响因

素,地勘产业的发展不可以忽视金融方面的挑战。2008年以来,国际金融危机带来的美元汇率变化直接影响地勘企业,特别是地勘服务输出企业,服务价值贬值损失由地勘企业独立承担。而在我国国内,各种金融政策对市场影响深远,对地勘产业也有波及。在金融政策实施向度和效度层面,目前传统地勘产业对其的适应程度还尚显不足。由此可见,解决金融政策的适应性问题,是发展新型地勘产业的挑战之一。

(三)技术创新层面的挑战

技术进步是地勘产业发展的核心,创新不仅使地勘产业的勘查和开发成本大幅降低,同时还会带动相关副产业的发展。目前我国地勘产业内部创新能力还不够强,在与国际发达地区的地勘企业的竞争中还存在技术上的劣势,技术创新能力无疑对新型地勘产业提出了强大的挑战。

51

第三章　我国地勘产业发展
关键影响因素研究

　　了解制约我国地勘产业发展的影响因素有利于我们从更宏观的视角理解地勘产业发展的脉络。对于传统的地勘产业而言,只需完成矿产资源勘查工作即可。这是一种计划经济下的产物,在这种制度下,地勘工作的所有资金支持来源于国家划拨,这一方面给国家带来了大量的资金压力,另一方面,地勘单位的发展也被束缚了手脚,无法利用市场配置资源的方式来进行深层次发展。随着生产力的解放和改革的深入,如何将市场资源引入传统的地勘行业,成为了所有地勘工作从业者的共同目标,构建新型地勘产业、运用市场资源重新对产业发展的路径作出调整迫在眉睫。因此,本章的重点在于对影响我国地勘产业发展的诸多因素进行深入分析,以及对其中的要素进行归纳,为构建新型地勘产业提供理论支持及现实依据。

第一节　分析方法的选择

一、层次分析法

美国运筹学家萨迪教授于20世纪70年代初期提出了著名的层次分析法(Analytic Hierarchy Process,AHP)。由于系统间关联的复杂性,在这种背景下,带来了不可预判型以及描述上的诸多困难,使得在复杂的系统中作出评价或预测变得困难。一些数学工具例如数学规划方法、统计方法加之软科学中各种算法的广泛应用虽然推动了系统科学的发展,使得某些问题可以较为具象地解决,但当系统过于复杂,数学模型数量以及难度难以避免地呈倍数甚至几何级数增加,追求建立一个完美的数学模型,必然导致耗资巨大,深陷解答数学模型的"沼泽"中。正是由于这种无法两全的尴尬局面,研究者重新思考问题的本源——在人们的选择和判别基础上,加上一些数学矩阵的方法,试图更好地解决现实问题。

二、层次分析法的基本步骤

运用AHP进行决策或评价时,整个过程大致可以分解为四个步骤依次进行:首先分析系统中各因素之间的关系,以此为依据建立系统的层次结构;其次对处于同一层次的各因素对于上一层次中某一准则的重要性进行两两比较,从而构造出成对比较判断矩阵;然后由上一步骤中得到的判断矩阵计

53

算被比较因素对于该准则的相对权重;最后计算各层因素对系统最终目标的合成权重,并依次排序。

以上是从定性角度分析如何实施 AHP,下面将从数理上说明如何实现上文所述的四个步骤。

(一)建立递阶结构模型

利用 AHP 分析问题时,首先应确定拟解决的问题,其次应确定为实现总目标而采取的措施和方案,最后选择用于解决问题的备选方案。通过逻辑上的分析,从而建立出一个层次分明且又依次推进的结构模型,也就是反映了如何推理的过程。层次结构大致可以分为三类:

最高层——模型的目标层;

中间层——模型的中间环节,可以包含若干层次,视具体问题的复杂程度而定,主要起"承上启下"的作用;

最底层——模型的方案层,代表着要实现目标所可以实施的各种措施、方法等。

(二)构造成对比较矩阵

针对准则层,其包含的各个元素相对权重是多少? 通过构造成对比较判断矩阵来回答。

令准则层为 $C(criterion)$, n 个被比较的因素设为 b_i ($i=1,2,3,\cdots,n$),形成一个成对比较的判别矩阵:$A = (a_{ij})_{n \times m}$,其中 a_{ij} 表示相对于准则层 $C(criterion)$ b_i 对于 b_j 的重要性的标度值。根据以上的构造思想,显然得到 a_{ij} 具有如下特性:

$$a_{ij} > 0, \ a_{ij} = \frac{1}{a_{ij}}, \ a_{ii} = 1 \qquad\qquad (3.1)$$

同时，a_{ij} 一般取 1,3,5,7,9，具体规则如表 3-1 所示：

表 3-1　规则分值表

标度值	含　义
1	表示两个因素相比,具有同样的重要性
3	表示两个因素相比,前者比后者稍重要
5	表示两个因素相比,前者比后者明显重要
7	表示两个因素相比,前者比后者极端重要
9	表示两个因素相比,前者比后者强烈重要
2,4,6,8	表示上述相邻判断的中间值

（三）计算相对权重

根据上一步骤中得到的判断矩阵 $A = (a_{ij})_{n \times m}$，进一步求得这些因素对于准则 $C(criterion)$ 的相对权重 $w_1, w_2, \cdots, w_n$，将其写成向量的形式得到 $W = (w_1, w_2, \cdots, w_n)^T$。那么权重如何计算，同时求出的权重是否满足矩阵的意义（即一致性检验）？

1.权重的计算

AHP 的权重计算方法很多,例如求和法、根法、对数最小二乘法、特征根法等,其中特征根法(记为 EM)因具有重要的理论价值和实用意义,所以应用最为广泛,本书即用该方法求取各因素的权重值。具体方法为:计算 $Aw = \lambda_{max}w$ 的特征向量与特征值。这里 λ_{max} 是 A 的最大特征根,w 是相对应的特

55

征向量。将得到的特征向量归一化处理后即可视为所需的权重向量。具体步骤如下：

将判断矩阵 $A = (a_{ij})_{n \times m}$ 每一列归一化处理：

$$\widetilde{a_{ij}} = \frac{a_{ij}}{\sum_{k=1}^{n} a_{ij}} (i,j = 1,2,\cdots,n) ; \tag{3.2}$$

将归一化处理后的判断矩阵按行相加：

$$\widetilde{W} = \sum_{j=1}^{n} \widetilde{a_{ij}} (i,j = 1,2,\cdots,n) ; \tag{3.3}$$

将 $\widetilde{W}$ 归一化：$W_i = \frac{\widetilde{W_{ij}}}{\sum_{j=1}^{n} \widetilde{W_j}} (i,j = 1,2,\cdots,n)$ \tag{3.4}

由此得到的 W_i 就是各个层次中不同因素的权重值。

2.一致性检验

在计算权重值时，还必须进行一致性检验。在建立判断矩阵时，我们并没有严格要求判断具有一致性与可传递性，比如：a 比 b 重要，b 比 c 重要，那么 a 必然比 c 重要，这就是因素间的权重一致性与传递性。我们将判断矩阵的一致性规定一个合理的范围，当超过这个范围时，即说明判断矩阵出现了问题，置信度则比较低了。

假定一致性为 CI，其计算公式为：$CI = \frac{\lambda_{\max} - n}{n - 1}$，其中 n 为判断矩阵的阶数，又引入平均随机一致性指标 RI，1—14 阶矩阵的随机平均一致性指标值见表3-2。

表 3-2 随机平均一致性指标值表

矩阵阶数	1	2	3	4	5	6	7
RI	0	0	0.52	0.89	1.12	1.26	1.36
矩阵阶数	8	9	10	11	12	13	14
RI	1.41	1.46	1.49	1.52	1.54	1.56	1.58

由此,可以得到一致性比例 $CR = \dfrac{CI}{RI}$,当 $CR < 0.1$ 时,则认为判断矩阵的一致性是合理的,令人满意的;反之则为误差较大,要对判断矩阵进行修正。

3.计算各层因素对最高层即目标层的综合权重

综合权重的计算要从上而下,将单准则下的权重进行合成,同时依次对每一层进行总的一致性检验判断。

第二节 影响因素的选取

一、体制因素

体制改革是地勘产业发展的基础和保障,我国地勘产业明确提出体制改革以来,取得了较为明显的进步,但其发展仍然没有摆脱体制的约束。21 世纪初期,响应国家政策号召,事业单位改革进入了深化的阶段,已有的地勘体制改革推动了地勘事业向地勘产业的转变,一些具有国有资产性质的企业和集团被推向了市场,逐步成长为市场的主体。但是地勘单位的内部运行机制较为落后,产权制度不明,使得这些地勘企业缺乏自我发展能力和市场竞争力。

在国外没有事业单位的概念,承担着这些社会公益性职能的部门被称为非营利组织(NGO)。对比国外的不以营利为目的的非营利组织,我国的事业单位具备非常突出的"政府性"的特点。以前制度下产生的地质勘查单位因为定位不清晰,地质勘查行业发展受到制约,较难形成独立自由发展的经济单元。随着事业单位改革的开始,地质勘查单位的改革也逐步纳入了学术界的研究范围。国内关于矿产勘查体制变迁研究的文献主要有朱训(1999)的《中国矿情》(第一、二、三卷)、张洪涛等(2002)的《论地质调查中的科技进步与创新》、陈州其(2003)主编的《中华人民共和国地质矿产史》等。这些著作较为全面地分析了我国地质工作体制的历史变迁过程,前人的研究成果为本书的研究提供了基础。

国内研究人员更多的是从地质勘查单位体制改革的角度来论述地质勘查产业发展的问题。关于我国地质工作改革方面,唐之声(1986)根据地质管理体制改革方向,论述了地质企业的性质、任务、组织形式、经营方法及其企业内部的各种专业管理问题。朱训(1993)认为地质勘查单位要一步一步达到企业化经营管理,应该改变所有企业的运营模式,成为自由发展、自享盈利、自负盈亏的市场经济参与者。王希凯(2000)认为要完成好地质勘查工作管理体制改革,就要培育和发展地质勘查市场,构建好市场经济体制下地质勘查工作的微观基础。张庆华(2010)提出了地质勘查产业的可持续发展必须遵循地质规律和市场经济规律,要加快实施勘查发展一体化,加快编制中长期发展规划的观点。邹长安(2010)认为由于事业单位加快改革进程以及激烈的市场竞争,使得传统的地质勘查单位在市场竞争中缺乏有利条件,需要加快结构调整和转型升级。王伟(2008)指出要把各种优惠政策最大化地利用,进而聚焦力量搞发展,加快改革步伐,调整人员结构,坚定走市场化企业化之路。邢新田(2003)认为地勘队伍改革的主要任务就是坚持事企分开,促进商业性地质工作发展。钱丽苏(2003)认为地勘工作要设立远期目标,地质工作投资多元化,建立由市场主导的地质工作体制。

相较于传统地勘产业,新型地勘产业的发展需要创意、资金、人力、技术等多种资源,这些资源往往会分布在各个地质勘查单位之中。现有的管理体制很难高效地调动各个部门的参与,这极大地制约了地勘产业的发展和转型。例如在大型的旅游项目开发的过程中就需要众多管理部门的协同工作,充分发挥各单位的财力与智慧,实现多参与多收益的良好效果。但在实际的工作中,地勘管理体制依然是条块分割的状态,难以实现承接大项目和形成大旅游的恢宏气势。很多地勘产业政策的重点是规范产业发展,扶持地勘产业发展的政策数量更是偏少,一些政策也不够完善,立法层级偏低。制度的不完善在一定的程度上制约了地勘产业的发展。

二、技术创新因素

关于产业技术创新能力研究,学者们对其概念并没有形成共识。王彤(2011)认为技术的升级对产业结构调整产生重要的影响。随着世界高端技术的日益发展,传统产业的发展已经不能够满足市场的需求,因此提高产业的技术创新能力是势在必行的。林亚蕾(2013)认为产业技术创新能力是指引入或开发应用新技术以推动产业创新发展的能力。王魁超(2013)认为技术创新是促进产业结构调整与升级的重要力量,可以改变产业需求结构、改造传统产业,促进形成新的产业及其部门,提高劳动生产率,从而有效地促进我国产业结构的调整和升级。

在激烈的市场竞争中,企业通过不断地改造老产品,更新老工艺,推出新产品,采用新工艺等方式来保持一定的优势。这些目标的实现是以技术储备作为基石,在市场分析和预测的前提下,确定未来市场的产品需求,并投入一定的人力、物力进行超前开发。随着科技全球化的不断升级,技术创新已经成为影响众多产业发展成功的重要因素。技术创新可以引发产业结构升级,促使产业规模扩张,同时还可以促进产业的可持续发展。技术创新与新产品开发密切相关,企业不能实现技术的不断创新与发展,企业的产品就没有持续性的竞争能力,更难以涉足于新的开发领域,也就谈不上企业的可持续发展。

吴立新(2004)认为空间信息技术的出现可以促进矿山信息化进程和数字矿山建设,也可以促进矿区/矿业可持续发展。李杏(2009)认为可通过创新推动地质勘查行业的技术改造和升级,形成优势产业,提高产业竞争力。随着地理信息技术的发展,空间信息技术已经成为了矿业和矿区可持续发展的重要手段。杜培军（2007）认为要解决开采过程中的各种问题，需要借鉴、引入遥感、地理信息系统等空间信息技术。

从地勘产业发展的角度来看，随着 4G 无线网络以及 Wi-Fi 网络的覆盖，以建立"3S"技术手段和"4D"产品结构的现代测绘方式开始凸显市场，例如 GIS 平台可以实现跨平台的浏览器支持、矢量地图数据显示、地图平滑缩放、自动漫游等功能。毫无疑问，高新技术的加入，使传统的测绘等地勘工作变得更加高效和科学，提高了产业的核心竞争力，拓宽了地勘产业的转型和升级之路，给地勘产业的发展指明了方向和奠定了技术基础。

三、人力资源因素

当今市场的竞争归根结底是人才的竞争，人力资源在产业的发展中发挥着重要的作用。一方面人才是促进企业技术创新的基础，另一方面人才也是吸引外资和加速产业发展的重要因素。地勘产业是知识密集型产业，对从业人员的知识和技能有一定的要求。产业的转型和发展对人才的数量和质量都有较高的要求，也可以说人才的数量结构是保证产业转型实现可持续发展的必要支撑，较为充足的人才数量可以对产业产生较高的供给率，而人才的质量高低决定着产业转型和升级的顺利进行。人才是产业创新的源泉，产业要在各个环节上实现创新发展，人才是动力。

人力资源是一种特殊而又重要的资源，能够推动整个经济和社会发展。现代管理学之父彼得·德鲁克于 1954 年在

《管理实践》中首次提出了"人力资源"的概念。人才是企业得以发展的主要因素,提供智力服务的行业尤其需要充沛的人力资源。人才有利于加快产业聚集发展,美国的硅谷和国内的中关村等高科技产业区的形成,都离不开科研院所提供的优秀人才。张国锋(2013)认为人才集群化与区域经济的平衡发展具有较强的互动关系。李猛(2013)指出当前地质勘查单位处于经济转型期,高层次的人才队伍有利于地质勘查经济实现健康快速发展。李蜀华(2012)认为人才已成为制约地质勘查单位发展的瓶颈,地质勘查单位存在员工知识结构老化,专业人才缺乏等问题。许建军(2007)认为地勘单位人力资源管理面临着管理模式陈旧、绩效考评模糊、培训力度不够等多方面的问题。蔺辉刚(2011)认为实行人力资源管理是时代发展的需要。朱金梅(2010)指出目前地勘单位的人力资源管理尚属人事管理的范畴,核心问题仍未得到解决。

针对地质勘查单位所面临的人力资源管理困境,学者们提出了自己的思考。李雅琴(2007)认为对地质勘查企业发展战略进行人力资源预判与规划,实现超前性和持续性,防止人力资源的断层,以保证地质勘查企业发展所需要的各类人才。曹希绅(2010)认为要实施创新型、实践型人才工程,全面加强后备地质人才培养,建立继续教育长效机制,全面提升地质人才素质。邝颂华(2001)认为要进行理念的创新,注重实效,努力构筑相对的人才优势。刘晓英(2013)认为人力资源规划可以提高地勘单位的劳动效率,促进人力资源管理活动有序化。

如今的地质工作不仅仅是找矿,已经涉足于城市地质、环境地质、农业地质、海洋地质、地质旅游、珠宝销售、物业管理等多个方面,每个方面可以发展成为一个地勘产业。不同的产业对人员的需求是多样的,例如地质主业需要专业技术人员,多种经营业需要市场营销人员。学者赵光辉认为人才结构是产业结构调整的基础,高素质的人才是催生高技术及高技术产业的重要因素。可以说地质工作的发展和地勘产业的兴起在于人才,没有一定的人才结构,难以实现产业结构的调整。只有那些聚集了大量高素质人才的地方,才会是地勘产业涌现的地方。从另外一个角度来分析,对于地勘产业而言,产业结构的变化要求不断提高人才素质和质量,要求人才对产业的发展作出科学的规划和及时的调整。人才和产业之间存在互动关系,地勘产业的发展对地质人才提出了新的要求,会拉动人才结构的变化;反过来,地质人才结构的变化也会推动地勘产业的发展和升级。

四、资金因素

资金是任何一个产业发展的必备因素,地勘产业作为一种特殊的产业,具有风险性和经济滞后性,这就决定了地勘产业的发展需要足够的资金保障。随着改革的深化,地勘企业可以自筹资金,目前我国的地勘产业融资结构中,银行信贷占据了重要的地位,筹得的资金往往会投入一次性的能源开发,不利于地勘产业的高效可持续发展。现阶段地勘产业的融资方式较

63

为单一,已经远远不能满足地勘产业发展对融资创新的需求。

　　勘探发展资金不足就无法探测到新的矿种,造成矿产企业入不敷出;缺少发展资金就会使得矿业企业亏损负债,尤其是规模偏中小的矿产企业单位。目前我国矿业的企业结构和资本市场的供应还不匹配,造成了矿产企业很难进入股市融资,资金量不足是地质勘查产业难以持续发展的重要因素。学术界针对地质勘查单位的投融资问题展开了一系列的研究。国外学术界有关融资的理论研究成果颇多,虽然没有具体到矿业企业,却具有普遍的指导性意义。以如下两种理论为典型,J.R.希克斯的《价值与资本》是早期资本结构理论的源头。现代融资理论以美国经济学家米勒与莫迪利亚尼合作发表的《资本成本、公司财务与投资理论》作为开端。对于中国地质勘查产业资本市场融资的探讨可以借鉴现代融资理论。关于投融资主体方面的研究,孙仲连、孙长远(1997)认为地质勘查投资主体可以分为政府投资主体和非政府投资主体两种类型,并指出我国地质勘查投融资主体多元化的格局已经形成。在成熟的市场经济国家,从事后续地质工作的私营公司充当着地质勘查的投融资主体,积极地活跃在融投资市场中。王永生(2008)认为我国勘查市场上市场主体存在一定缺位,必须培育不同层次、各具特色的勘查市场主体。

　　显然产业的发展和升级离不开资金的支持,融资不仅可以为地勘产业的发展提供源源不断的动力,而且资金的配置活动可以对产业的发展产生一系列重要的影响。因为资金的逐利性会影响到投资环境,在某些方面会影响到投融资者的决策,从而影响到地勘产业的建设。一方面,通过融资可以增加对地勘产业的投资,可以用募集到的资金来开发新的矿产资源,组建新的产业部门,等等。另一方面,融资能够带动地勘产业水平提升与地勘产业结构优化升级。资金拥有部门可以根据市场的反应,将资金投向新兴的产业,选择适应市场发展需要的产业和项目,有利于增强产业的技术水平和市场竞争力。资金对产业发展影响的途径主要有两个:一是通过金融市场运作影响能够进入地勘产业的资金供给和需求,从而作用于地勘产业发展;二是通过财政政策,与地勘产业政策一起对产业发展发挥作用。

五、产业政策因素

关于产业政策的内涵,杨治(1999)认为产业政策是政府对国民经济的资源配置结构及其形成过程。芮明杰(2005)认为产业政策是对产业发展、产业结构的调整。产业政策是政府对产业经济进行干预的各种政策的总和。在一个产业形成和发展的过程中,国家政策的导向支持与否起着非常重要的作用。在产业发展初期,政府可以通过税收优惠政策、奖励政策等引导和扶持地勘产业的发展。比森和温斯坦(1996)认为部门产业政策的导向性往往与部门生产力增长呈负相关。波特(2000)认为日本失败的产业恰恰是产业政策管束过多。李文溥等(2003)指出产业结构根据经济发展的内在规律而不断演进,不存在密切的因果关系。林毅夫(2003)认为产业政策和经济增长之间也存在着密切联系。作为国民经济先导产业的地质勘查,有必要去研究地质勘查产业政策体系。周叔莲等(2008)认为积极的产业政策能够有效促进产业竞争能力的提升。

随着市场经济体制的形成和完善,产业政策的研究越来越受到各国政要和学术界的重视。以欧美为代表的主导产业政策主张通过市场引导企业,政府很少干预企业的经营活动。以韩日为代表的主导产业政策鼓励政府与企业之间的合作。实际上无论在哪种政策的引导下,政府和企业之间都有着千丝万缕的联系。

自 1999 年《地质勘查队伍管理体制改革方案》[①]实施以来,地勘单位逐步改组成按市场规则运行和管理的经济实体,并实行属地化管理和企业化经营。国家发展和改革委员会制定的《产业结构调整指导目录》中,积极鼓励支持地勘产业的发展和转型。2006 年国务院印发的《关于加强地质工作的决定》[②]鼓励地质勘查单位组建矿业集团或地质服务公司,鼓励各类社会资本参与商业性矿产勘查。2011 年,国务院印发了《关于分类推进事业单位改革的指导意见》[③],把地质单位继续保留在事业单位序列,强化其公益属性和事业职能。从政策层面上看,国土资源部颁布了《地质环境监测管理办法》[④],对地质环

---

① 资料来源:中华人民共和国国土资源部网站(http://www.mlr.gov.cn/tdzt/dzgz/dzzlgl/zcwj/qt/200712/t20071206_664994.htm)。

② 资料来源:中华人民共和国人民政府网站(http://www.gov.cn/gongbao/content/2006/content_219934.htm)。

③ 中华人民共和国人民政府网站(http://www.gov.cn/gongbao/content/2012/content_2121699.htm)。

④ 中华人民共和国国土资源部网站(http://www.mlr.gov.cn/zwgk/flfg/dzhjgl/201405/t20140520_1317560.htm)。

境监测工作任务、站点建设、资金保障、监督管理等内容作出了明确规定,为加强地质环境监测保护工作提供了良好的制度保障。

利用政策上的扶持,抓住历史良机,我国地勘产业将会迎来一个快速发展的时期。

综上所述,学者们虽然对地质勘查产业研究的历史不长,但也取得了一些成果。同时也应该注意到地质勘查产业的基础理论研究仍然比较薄弱,对地质勘查行业改革突破的影响因子缺乏较为全局的把握和探索。研究影响我国新型地勘产业发展的要素是本书需要探索和解决的问题。

第三节 评价指标的选取及数据分析

67

一、数据收集

本调查于 2014 年 5 月开始,至 2015 年 1 月结束。主要面向湖北省地勘行业内多个组织的管理者和高级技术人员,其中包括地质勘查队、地勘管理部门和地质勘查技术服务部门,对他们进行了访谈和问卷调查。问卷主要通过现场发放、电子邮件等方式获取。由于本书所选用的评价方法所致,在目标样本的选择上必须考虑经验丰富、专业水平较高的对象。因此,本书特对地质局规划处、财务处、科技处等相关部门的负责人进行了访谈调研,除此之外对各地质大队、地质企业等业务部门的负责人进行了访谈,以上访谈的对象在地质勘查领域均有着多年的工作经验,调查结果具有较好的代表意义。

本次问卷调查共分为两个阶段完成：第一阶段主要围绕影响地勘产业发展的各要素指标相对重要性开展调查，本阶段征询的专家共有 15 人，分别来自湖北省地质局规划处、湖北省科技处、湖北省第四地质大队、宜昌地质大队、湖北省矿业公司、武汉地质勘查工程研究院等。采取专家群决策方法，通过专家反馈的信息，获取各级指标体系的判断矩阵，为使用 AHP 模型确定影响地勘产业各要素指标的权重奠定基础。第二阶段发送问卷调查的对象是湖北省地质局及各个地区的地质大队、矿业企业、矿产品企业、政府相关部门等，一共发放 300 份问卷，回收 243 份，回收率 81%，同时，经统计有效问卷 205 份，有效率 84.4%。从本书选取的调研对象可以看出，主要包含了地质勘查管理部门、地质勘查部门、技术服务机构、商业运作实体，基本可以覆盖地勘产业全产业链及下游的延伸产业组织，调研的信度和效度均有较好的体现。

二、评价指标的选取

通过查阅资料文献，进一步归纳出人力资本体系、资金资本体系、技术创新能力体系、产业结构体系、体制因素体系、政府因素体系，这六大体系中包含的评价、判断指标。人力资本体系包括：高学历人才，专业技术人员，具有一定相关经验人员，劳动力数量。资金资本体系包括：紧急性或短时间的财务支持，中央财政预算，科学研究开发（R&D）经费投入，利用外资（包含国内、国外企业资本投资），自筹资金。技术创新能力体系包括：外界相关技术资源的整合利用，地勘产业内部技术创新,地勘产业内部技术改进。产业结构体系包括:产业结构的完善度,产业专业化分工明确,产业间的协调互动。体制因素体系包括:矿权交易平台,市场开放度,跨产业领域合作,公共服务平台。政府因素体系包括:政、产、学、研支持力度,科技创新计划支持度,技术创新政策优惠,市场投融资政策。赋予变量编号,从而形成表3-3。

表3-3 地勘产业发展影响因素指标表

地勘产业发展影响因素指标	人力资本 (A_1)	高学历人才(B_1)
		专业技术人员(B_2)
		具有一定相关经验人员(B_3)
		劳动力数量(B_4)
	资金资本 (A_2)	紧急性或短时间的财务支持(B_5)
		中央财政预算(B_6)
		科学研究开发(R&D)经费投入(B_7)
		利用外资(包含国内、国外企业资本投资)(B_8)
		自筹资金(B_9)
	技术创新能力 (A_3)	外界相关技术资源的整合利用(B_{10})
		地勘产业内部技术创新(B_{11})
		地勘产业内部技术改进(B_{12})
	产业结构 (A_4)	产业结构的完善度(B_{13})
		产业专业化分工明确(B_{14})
		产业间的协调互动(B_{15})
	体制因素 (A_5)	矿权交易平台(B_{16})
		市场开放度(B_{17})
		跨产业领域合作(B_{18})
		公共服务平台(B_{19})
	政府因素 (A_6)	政、产、学、研支持力度(B_{20})
		科技创新计划支持度(B_{21})
		技术创新政策优惠(B_{22})
		市场投融资政策(B_{23})

69

三、因素排序及一致性分析

由于缺少实证数据,因而通过给地勘产业有经验的相关专业人员以及企业、政府从业人员发问卷,回收问卷进行整理而得到的数据是本书 AHP 算法主要数据来源,上文中已经通过访谈以及文献梳理得出了影响地勘产业发展的主要因素,将这些因素设计成表格后,采用 Likert 量表进行测量,该量表也是现在普遍采用的问卷调查方式。本书发送问卷调查的对象是湖北省各个地区的地质局、矿业企业、矿产品企业、政府相关部门等,一共发放 300 份问卷,回收 243 份,回收率 81%,同时,经统计有效问卷 205 份,有效率 84.4%。

通过上述我国地勘产业发展影响因素的指标设计以及回收问卷的数据统计,进行指标间的成对比较,得到分值表(见表3-4),以及准则层与中间层、中间层与最底层的判断矩阵。

70

表 3-4　各级因素间相互关联度分值表

C	A_1	A_2	A_3	A_4	A_5	A_6
A_1	1	1/3	1/5	3	2	1
A_2	3	1	1/2	4	3	2
A_3	5	2	1	5	4	3
A_4	1/3	1/4	1/5	1	1/2	1/3
A_5	1/2	1/3	1/4	2	1	1/2
A_6	1	1/2	1/3	3	2	1

对应的判断矩阵为:

$$A = \begin{bmatrix} 1 & 1/3 & 1/5 & 3 & 2 & 1 \\ 3 & 1 & 1/2 & 4 & 3 & 2 \\ 5 & 2 & 1 & 5 & 4 & 3 \\ 1/3 & 1/4 & 1/5 & 1 & 1/2 & 1/3 \\ 1/2 & 1/3 & 1/4 & 2 & 1 & 1/2 \\ 1 & 1/2 & 1/3 & 3 & 2 & 1 \end{bmatrix}$$

对于中间层与最底层，得到判断矩阵如下：

$$\widetilde{B}_1 = \begin{bmatrix} 1 & 3 & 3 & 5 \\ 1/3 & 1 & 1 & 3 \\ 1/3 & 1 & 1 & 2 \\ 1/5 & 1/3 & 1/2 & 1 \end{bmatrix},$$

$$\widetilde{B}_2 = \begin{bmatrix} 1 & 1/5 & 1/3 & 1/4 & 1/2 \\ 5 & 1 & 3 & 3 & 4 \\ 3 & 1/3 & 1 & 1/2 & 3 \\ 4 & 1/3 & 2 & 1 & 3 \\ 2 & 4 & 1/3 & 1/3 & 1 \end{bmatrix}, \widetilde{B}_3 = \begin{bmatrix} 1 & 1/5 & 1 \\ 5 & 1 & 3 \\ 1 & 1/3 & 1 \end{bmatrix},$$

$$\widetilde{B}_4 = \begin{bmatrix} 1 & 1/5 & 1/3 \\ 5 & 1 & 3 \\ 3 & 1/3 & 1 \end{bmatrix}, \widetilde{B}_5 = \begin{bmatrix} 1 & 1 & 4 & 5 \\ 1 & 1 & 5 & 3 \\ 1/4 & 1/5 & 1 & 1/3 \\ 1/5 & 1/3 & 3 & 1 \end{bmatrix},$$

$$\widetilde{B}_6 = \begin{bmatrix} 1 & 5 & 3 & 2 \\ 1/5 & 1 & 1 & 1/2 \\ 1/3 & 1 & 1 & 1/2 \\ 1/2 & 2 & 2 & 1 \end{bmatrix}$$

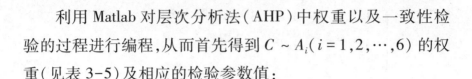

利用 Matlab 对层次分析法（AHP）中权重以及一致性检验的过程进行编程，从而首先得到 $C \sim A_i (i = 1, 2, \cdots, 6)$ 的权重（见表 3-5）及相应的检验参数值：

表 3-5　各级权重计算后分值表

	A_1	A_2	A_3	A_4	A_5	A_6
w	0.11496016	0.23900932	0.38864021	0.05003817	0.07749556	0.1298566

其中，由于 $n = 6$，所以 $RI = 1.26$，$CI = 0.0305$，$CR = 0.0246 < 0.10$，表明判断矩阵通过一致性检验。通过表 3-5 可以明显看出，对目标层（即构建湖北省地勘产业）的影响程度最大的是技术创新能力，其次是资金资本，人力资本与政府因素影响程度基本一致，影响最弱的是产业结构与体制因素。

同理，通过在 Matlab 中逐次输入已经构造完成的矩阵 $\widetilde{B}_1, \widetilde{B}_2, \widetilde{B}_3, \widetilde{B}_4, \widetilde{B}_5, \widetilde{B}_6$，依次可以得到各个判断矩阵中各因素相对上一层的权重以及检验参数值，具体数值如表 3-6 所示。

表 3-6　权重值表

人力资本（A_1）	高学历人才（B_1）	0.5260710	$CI = 0.0114$ $CR = 0.0126$
	专业技术人员（B_2）	0.2041752	
	具有一定相关经验人员（B_3）	0.1825615	
	劳动力数量（B_4）	0.0871923	

续表

资金资本 （A_2）	紧急性或短时间的财务支持（B_5）	0.059535	$CI = 0.0448$ $CR = 0.04$
	中央财政预算（B_6）	0.4466587	
	科学研究开发（R&D）经费投入（B_7）	0.1695599	
	利用外资（包含国内、国外企业资本投资）（B_8）	0.2366380	
	自筹资金（B_9）	0.087607	
技术创新 能 力 （A_3）	外界相关技术资源的整合利用（B_{10}）	0.1561818	$CI = 0.0145$ $CR = 0.0251$
	地勘产业内部技术创新（B_{11}）	0.6586442	
	地勘产业内部技术改进（B_{12}）	0.185174	
产业结构 （A_4）	产业结构的完善度（B_{13}）	0.1047294	$CI = 0.0193$ $CR = 0.0332$
	产业专业化分工明确（B_{14}）	0.6369856	
	产业间的协调互动（B_{15}）	0.258285	
体制因素 （A_5）	矿权交易平台（B_{16}）	0.4210896	$CI = 0.0515$ $CR = 0.0572$
	市场开放度（B_{17}）	0.3737578	
	跨产业领域合作（B_{18}）	0.0712228	
	公共服务平台（B_{19}）	0.1339298	
政府因素 （A_6）	政、产、学、研支持力度（B_{20}）	0.4959054	$CI = 0.0082$ $CR = 0.0091$
	科技创新计划支持度（B_{21}）	0.1188361	
	技术创新政策优惠（B_{22}）	0.1352648	
	市场投融资政策（B_{23}）	0.2499937	

由表 3-6 可以看出，无论是 $C \sim A_i (i = 1, 2, \cdots, 6)$ 还是 $A_i \sim B_j$，所有构造的判断矩阵都通过了一致性检验，说明所建立的评价指标层级之间的逻辑关系是合理的。最后，根据已经得出的单层排序，计算层次总排序及一致性检验。根据 AHP 原理，可以得到如下矩阵：

$$R = \begin{bmatrix} 0.5260710 & 0 & 0 & 0 & 0 & 0 \\ 0.2041752 & 0 & 0 & 0 & 0 & 0 \\ 0.1825615 & 0 & 0 & 0 & 0 & 0 \\ 0.0871923 & 0 & 0 & 0 & 0 & 0 \\ 0 & 0.059535 & 0 & 0 & 0 & 0 \\ 0 & 0.4466587 & 0 & 0 & 0 & 0 \\ 0 & 0.1695599 & 0 & 0 & 0 & 0 \\ 0 & 0.2366380 & 0 & 0 & 0 & 0 \\ 0 & 0.087607 & 0 & 0 & 0 & 0 \\ 0 & 0 & 0.1561818 & 0 & 0 & 0 \\ 0 & 0 & 0.6586442 & 0 & 0 & 0 \\ 0 & 0 & 0.185174 & 0 & 0 & 0 \\ 0 & 0 & 0 & 0.1047294 & 0 & 0 \\ 0 & 0 & 0 & 0.6369856 & 0 & 0 \\ 0 & 0 & 0 & 0.258285 & 0 & 0 \\ 0 & 0 & 0 & 0 & 0.4210896 & 0 \\ 0 & 0 & 0 & 0 & 0.3737578 & 0 \\ 0 & 0 & 0 & 0 & 0.0712228 & 0 \\ 0 & 0 & 0 & 0 & 0.1339298 & 0 \\ 0 & 0 & 0 & 0 & 0 & 0.4959054 \\ 0 & 0 & 0 & 0 & 0 & 0.1188361 \\ 0 & 0 & 0 & 0 & 0 & 0.1352648 \\ 0 & 0 & 0 & 0 & 0 & 0.2499937 \end{bmatrix}$$

74

$$\begin{bmatrix} 0.11496016 \\ 0.23900932 \\ 0.38864021 \\ 0.05003817 \\ 0.07749556 \\ 0.1298566 \end{bmatrix}$$

由此可得每个底层因素变量对于目标层的权重,如表3-7所示。

表3-7 地勘产业发展影响因素及检验参数值表

因素	权重	因素	权重
高学历人才(B_1)	0.060477217	产业结构的完善度(B_{13})	0.005240469
专业技术人员(B_2)	0.023472012	产业专业化分工明确(B_{14})	0.031873593
具有一定相关经验人员(B_3)	0.020987307	产业间的协调互动(B_{15})	0.012924109
劳动力数量(B_4)	0.010023641	矿权交易平台(B_{16})	0.032632577
紧急性或短时间的财务支持(B_5)	0.01422958	市场开放度(B_{17})	0.02896457
中央财政预算(B_6)	0.106755588	跨产业领域合作(B_{18})	0.005519448
科学研究开发(R&D)经费投入(B_7)	0.040526413	公共服务平台(B_{19})	0.010378964
利用外资(包含国内、国外企业资本投资)(B_8)	0.05655869	政、产、学、研支持力度(B_{20})	0.064396571
自筹资金(B_9)	0.020939053	科技创新计划支持度(B_{21})	0.015431643
外界相关技术资源的整合利用(B_{10})	0.06069853	技术创新政策优惠(B_{22})	0.017565025
地勘产业内部技术创新(B_{11})	0.255975614	市场投融资政策(B_{23})	0.032463322
地勘产业内部技术改进(B_{12})	0.071966065		

$$CI = \sum_{i=1}^{6} w_i CI_i = 0.11496 \times 0.0114 + 0.239009 \times 0.0448 + 0.38864 \times 0.0145 + 0.050038 \times 0.0193 +$$

75

0. 077496 × 0. 0515 + 0. 129857 × 0. 0082 = 0. 023675

$$RI = \sum_{i=1}^{6} w_i RI_i = (0.11496 + 0.239009 + 0.38864 +$$

0. 050038 + 0. 077496 + 0. 129857) × 1. 26 = 1. 26

$$CR = \frac{CI}{RI} = \frac{0.023675}{1.26} = 0.01879 < 0.1$$

因此一致性通过。由此,我们可以看出,技术创新和制度环境是制约湖北省地勘产业发展的因素。

在人力资本影响因素的分析中,$CR = 0.0126 < 0.1$,一致性检验通过。权重分布中显示高学历人才的权重(0.5260710),专业技术人员的权重(0.2041752),这两个因素对人力资本贡献最大,同时在人力资本中,高学历人才比专业技术人员更为重要。

对于资金资本影响因素的分析,$CR = 0.04 < 0.1$,一致性检验通过。资金资本影响因素的权重分别为 0.059535、0. 4466587、0. 1695599、0. 2366380、0. 087607;中央财政预算影响最大,其次是引用外资,再次是科学研究开发(R&D)经费投入。说明在资金支持中,中央财政预算起重要作用,这和地勘项目的自身属性有关。

在技术创新方面,检验结果一致性通过。在外界相关技术资源的整合利用、地勘产业内部技术创新、地勘产业内部技术改进三项中,地勘产业内部技术创新作用最大,达到了0.6586442,说明影响地勘产业发展技术创新中,需要地勘产业依靠自身的固有资本和实力进行内部技术创新更有效果,其次是内部技术改进。综上所述,技术创新需要地勘产业内部由内向外进行技术扩散。

在产业结构方面,一致性检验通过,结果表明产业专业化分工明确影响超过了 50%(0.64),产业间的协调互动影响程度紧随其后(0.26)。说明构建地勘产业的过程中,在产业结构部分,需要较好的产业分工以提高产业产出效率,同时加强产业的协调互动,与产业分工配合发展,以实现地勘产业效率、效益同时提高。

在体制因素的分析中,$CR = 0.0572 < 0.1$,一致性检验通过。构建矿权交易平台最为重要,权重达到 0.4210896,说明在地勘产业的构建中,体制因素需要在矿权交易平台上加以改革,以新的矿权交易形式来推动地勘产业的发展模式的改革,以改变现在依赖政府主导的矿权分配制度现状,同时表 3-6 的结果显示,市场开放程度影响也较大(0.3737578),要在体制内实现矿权交易的创新,需要市场的开放程度来支撑。显然,当地勘产业对市场开放程度较高时,可以较好地利用市场优化生产要素配置的力量,推动新型地勘产业的发展。

在政府因素的分析中,$CR = 0.0091 < 0.1$,一致性表现很好。说明各个因素的权重符合现实情况,同时,结果显示政、产、学、研支持力度贡献较大(0.4959054),这预示着由政府主导,加强政、产、学、研的互动,协同促进,使研究机构先进的勘探技术、组织管理、先进理念通过良性的交流,能较快地转化为产业生产力。同时市场投融资的权重也较大,说明打破现在较为固化的投融资结构,以政府政策为杠杆以改进市场投融资结构也是十分必要的。

由此，我们可以对影响地勘产业构建的因素作出排序，其中影响度最大的是技术创新能力，其次是资金资本、人力资本、政府因素，影响度较小的是产业结构和体制因素。

通过建立我国地勘产业发展影响因素评价指标体系，可以看出在我国新型地勘产业发展影响因素中，影响非常大的因素有地勘企业内部技术创新、技术改进和技术资源的整合；影响比较大的有政府支持力度、市场融投资政策、自筹资金能力等；影响较小的有产业布局结构、专业化分工水平、市场开放程度、跨领域合作、公共服务平台；影响最小的是相关产业发展、企业数量、消费者数量、产业补助政策。由此，得出以下几点结论：

第一，技术水平是制约我国地勘产业发展的最重要因素

通过分析可以看出，技术创新是制约我国地勘产业发展最重要的因素，这和我国地勘产业人才缺乏、技术水平低、创新能力不强的现实状况是一致的。

第二，投入资本和政策环境对地勘产业的构建存有重要的影响。

通过数据分析表明，产业政策和资金资本对我国地勘产业发展的影响较大，说明我国现有的政策法规和发展环境不太适应地勘产业的发展。政府应该不断完善政策体系，给予我国地勘企业更灵活更有操作空间的发展空间。由于产业融资规模不足，地勘产业在尝试技术创新、发展高精尖业务方面缺乏有力的物质支撑。

第三，产业结构对新型地勘产业发展的影响。

产业结构等因素对我国地勘产业发展制约较小,这主要是我国现在仍以煤、石油、铁、铜等大宗基础矿产品消费为主的产品结构需求稳定,仅就目前来看,产品市场结构不会受市场太大冲击。同时我国有广阔的市场空间,为地勘产业的发展提供了巨大的市场,问题在于如何开拓市场,以驱动新型地勘产业的健康发展。

第四章　国内外地勘产业运作模式比较分析

第一节　国外典型地勘产业运作模式分析

一、加拿大矿业资本市场

加拿大位于北美大陆,矿产资源储量丰富。加拿大矿业开放程度很高,除铀矿外,外国公司可以自由勘探。多伦多证券交易所成立于 1852 年,有着 160 多年的悠久历史。

加拿大矿业资本市场是国际勘查市场的"风向标",是矿业类上市公司最为密集的地方。据相关统计,全球矿业股票融资总量的 45%、矿产勘查资金的 20% 均来自于加拿大证券交易市场。多伦多证券交易所主板(TSX)和创业板(TSX-Venture)头顶众多桂冠:矿业上市公司数量世界排名第一、石油及天然气上市公司数量世界排名第一、清洁技术上市公司数量世界排名第一、全球矿业及全球金标准普尔/TSX 指数排名第一、交易型开放式指数基金排名第一(交易型开放式指数基金的创立者）、股本融资总额世界排名第六、上市公司总市值世界排名第七。

截至 2011 年 12 月 31 日，多伦多证券交易所主板和创业板发行人总计 3837 家，按照行业划分：矿业 1646 家（占总数的 42%），石油及天然气和能源服务 488 家，多元产业 343 家，结构性产品 223 家，技术型公司 179 家，资本库（融资）公司 162 家，清洁技术 131 家，金融服务 128 家，生命科学 119 家，房地产 79 家，通信与媒体 44 家，公用事业及管道 27 家，林产品 26 家（见图 4-1）。

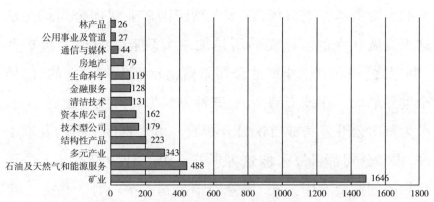

上市公司数量（家）

图 4-1　多伦多证交所上市公司分布（截至 2011 年 12 月 31 日）①

加拿大矿业资本市场具有以下几个特点：

（一）多层级

加拿大矿业资本市场历史悠久，根据矿产资源勘查开发

———————
① 数据来源：多伦多证交所。

的不同阶段形成不同的融资层级。目前,加拿大有两个证券交易所:一是加拿大多伦多证券交易所 TSX,另一是位于温哥华市的加拿大创业交易所 TSX-Venture。两个交易所分工不同,前者上市的主要是大型企业(高级股票),后者上市的主要是中小型企业(初级股票)。此外,加拿大还发展了第二股票市场,允许条件尚不成熟的矿业公司进入证券交易网 CDN 上市交易。

(二)低门槛

加拿大创业交易所(TSX-Venture)是世界上具有真正意义的风险资本股票市场,许多大型跨国矿业集团公司就是从这里发展壮大的。该交易所是加拿大政府为方便初级矿业(勘探)公司和其他小矿业公司融资活动而专门设立的,门槛全世界最低。在该交易所,有三种方式为矿产勘查融资:第一种为首次公开发售或首次公开招股。由于直接上市的要求不高,很多公司都可以采取这种形式。第二种为资本基金公司计划或创业资本库公司、风险资本公司。第三种为借壳上市或反向收购。可以购买一家已经在加拿大创业板上市的公司,这个公司可能属于"三无"公司——无项目、无资金、无活力,公司最值钱的可能就是"壳"资源。当然要想取得这个公司 60%—80% 的控股权,一般也需要 30 万—50 万加元不等。

(三)特殊的税收政策

针对矿产勘查,加拿大政府制定了特殊的税收政策——

可抵税流转股票（Flow-Through Share）政策。该政策实质上是通过财税手段刺激特定产业的投融资，是政府对矿产勘查活动的一种补偿和鼓励形式。如果是购买了勘查投资抵税股票者可免个人所得税。由于该政策的实施，不仅促进了加拿大的矿产勘查工作，而且也有效地提高了加拿大的矿床发现率。

二、加拿大希尔威金属矿业有限公司的发展实践

加拿大希尔威金属矿业有限公司（Silvercorp Metals Inc.）（以下简称"希尔威公司"），总部设在温哥华，是在加拿大多伦多证券交易所和美国纽约证券交易所两地上市的一家中级矿业公司（TSX & NYSE:SVM）。

希尔威公司于 2003 年首次进入中国，经过 10 年的发展，从初级矿业（勘探）公司逐渐演化为一家在国际上具有影响的中型跨国矿业公司。公司以中国河南洛宁县为据点，步步为营，将发展版图向南拓展到河南嵩县以及湖南、安徽、福建、广东等地。在中国站稳脚跟后，公司又将目光聚焦到加拿大本土，推进位于不列颠哥伦比亚省的高级银铅锌项目，并力图将其发展成为公司在北美的一个据点。在 2012 中国国际矿业大会上，公司负责人透露，看准了美国内华达州的金矿开发，宣布收购 Klondex 矿业公司。

表 4-1 连续会计年度的财务数据揭示了希尔威公司的发展速度：总收入从 2009 年的 83523000 美元跃升到 2012 年的 237962000 美元，增长了 1.85 倍；总资产从 2009 年的

83

205202000 美元跃升到 2012 年的 575434000 美元,增长了 1.8 倍;净利率除 2009 年外,均在 30% 以上;经营现金流量,2012 年比 2009 年增长了 1.41 倍。公司市值曾高达 169 亿元人民币。

表 4-1　希尔威公司 2008—2012 年财务数据①

财务数据 （以千美元为单位）	2012 年	2011 年	2010 年	2009 年	2008 年
Revenues（收入）	237962	167327	107164	83523	108363
Net Earnings（净利）	73838	67655	38547	15997	59937
Cash Flow from Operations（经营现金流量）	113278	104033	65983	46986	79786
Net Profit Margin（净利率）	31%	40%	36%	N/A	55%
Cash and Short Team Investments（现金和短期投资）	154511	206261	94659	65432	84239
Total Assets（总资产）	575434	506615	279454	205202	190267
Long-term Debt（长期负债）	—	—	—	—	—
Capital Expenditures（资本支出）	45863	27446	21218	49812	44035

84

希尔威公司的快速发展,引起了广泛关注,先后被加拿大评为成长最快的 200 家公司之一,排名第二,并荣登加拿大《BC 商业》(*BC Business*)杂志百强企业排行榜。美国《财富》杂志 2012 年全球 100 家增长最快的公司中,希尔威公司列第 48 位。

希尔威公司把环保、安全、社区关系作为生命线,与当地企事业单位、政府构建了和谐融洽的关系。矿产资源的合作、

---

① 摘自希尔威公司 Financial Summary-Fiscal Years 2008-2013(2013 年 6 月 11 日更新)。

合资开发，为当地创造了 3000 余个就业岗位。公司成为洛阳市乃至河南省的纳税大户。合作伙伴河南省有色金属地质矿产局，截至 2011 年已从合资公司中合计分红 3.2 亿元人民币。进入资源开发阶段后，希尔威公司不忘回报社会，先后投资建设了洛宁文化活动中心及社区小学。2008 年"5·12"汶川地震发生后，公司及董事长冯锐共向灾区捐款 70 万加元，位于加拿大华人社会之首。

2012 年，中国国土资源部授予希尔威公司旗下河南法恩德矿业有限公司银铅锌矿"国家级绿色矿山试点单位"。

从下述资料，可以看出希尔威公司从勘探到勘查开发一体化的发展轨迹：

2004 年，全资子公司维克多矿业有限公司（Victor Mining Ltd.，在中国设立）与河南省有色金属地质矿产局合作成立河南发恩德矿业有限公司，维克多矿业有限公司占股77.5%，合资公司全权持有河南省洛宁月亮沟铅锌矿的所有权益。

2006 年，首次获得中国国土资源部开采许可（月亮沟铅锌矿）；与河南洛宁县华泰矿业有限公司合资成立河南华威矿业有限公司（Heman Huawei Mining Co.Ltd.），占有合资公司60%股权，中方以后平沟（HPG）矿入股；被收入多交所/标准普尔 300 成分股和 TSX/标准普尔全球黄金指数成分股。

2008 年，通过收购获得广东省高枨（GC）银铅锌矿。

2011 年，以并购方式获得湖南省云翔白云铺金铅锌矿项目。

此外，希尔威公司还以合作模式与青海省地质调查院成立中外合资的青海发恩德矿业有限公司,并持股82%。经营范围从铅锌拓展至银、金等多种矿种。目前已经成为重要的铅锌和白银生产商之一。

本书把希尔威公司的成功经验总结为:

第一,科学制定勘探方案。中国河南洛宁在古代明、清两朝,是重要的官银产区。洛宁的铅锌银多金属矿,位于熊耳山地区,为超薄脉状矿,且极不连续、极不稳定,勘查难度很大。但凡事都有两面性,该类矿床具有另一个特性——品位很高。公司结合找矿潜力,并参考矿产品市场价格,制定了可行的勘探方案。公司董事长冯锐博士提出了"线矿化率"的理念,采用钻探控制含矿构造破碎带位置,用坑道控制矿体的方法探寻资源储量。截至2010年年末,累计投入勘探资金2.4亿余元,累计实施坑探12万米、钻探29万米。坚实的勘探工作,为矿山提供了一批可靠的资源量,为大规模的开发奠定了资源基础。

第二,勘探开发接连运作。公司没有选择初级(勘探)公司在实现找矿突破后将成果或股份转让的模式,而是选择了勘查开发一体化的运作模式,力图通过开发阶段产生的现金流推动公司继续向前发展。早在勘查的初期,公司就安排了矿山开发的前期工作,如选矿实验、环境评价、工程试验、矿山设计等。公司于2004年8月进入矿业勘探,到2006年3月30日取得采矿证,年底矿山产量达到预期生产能力。矿山的开采,使公司的现金净流量由"负"逐渐变为"正",实现了华丽转身。

第三,积极储备资源项目。公司采用多种合作方式,并利用当地政府资源整合的良好机遇,先后获得了HPG、GC等一批矿权或资源项目，从而为公司的长远发展提供了资源保障。

希尔威公司由"壳资源"脱胎而来，早期通过加拿大多伦多交易所创业板融资，后又相继登陆加拿大多伦多证券交易所主板、美国纽约证券交易所。股权性融资在公司融资中一直处于绝对优势地位。表4-1中"长期负债"项目为零，某种程度上诠释了这一点。

但是资源勘探开发毕竟是一项高投入的事业。在国际矿产品价格下行、矿业公司股票价值缩水的形势下，矿业公司还必须另寻途径解决融资问题。希尔威公司采取了私募股权基金的方式。根据新闻报道，2012年3月，希尔威公司与清蓝金融集团等开展战略合作，创立蓝海矿业基金，第一期发行规模为5亿元人民币，第二期发行规模为50亿元人民币。该基金为中国首家商业性勘查基金，以多伦多证券交所和澳大利亚证券交易所上市公司的并购为主，以期为投资人带来丰厚的回报。蓝海矿业基金具有三大优势，并创立了五步增长模式（见表4-2、表4-3）。

表4-2　蓝海矿业基金三大优势

金融商务优势	地勘技术优势	项目管理优势
全球化的金融视角，专业的海外并购经验，合伙人曾参与20余家公司的兼并收购；对矿业资本市场有深刻理解，有从深刻的角度判断价值的能力；清蓝上市资本平台的支持；数量繁多的海外公司和全球矿权的商务设立与运营经营	矿业基金最核心的要素是对拟投资项目的技术判断能力；拥有专业的海外地质判断能力和丰富的勘查经验，根据国际标准进行勘查开发；与有色、核工业、煤田等地勘单位建立合作关系，拥有强大的勘查与开发施工队伍	对全球2000家矿业上市公司进行跟踪和筛选，和其中的200家保持紧密的联系；清蓝遍布全球的30多个优质矿业非上市类项目的储备，形成了全球三大优质项目池；能够对项目或公司开展良好的管理并取得价值增长

表4-3　蓝海矿业基金五步增长模式

步骤		具体内容	时间周期
Step 1	项目选择	收集整理上市公司、非上市公司项目,项目报告与尽职调查	1—3个月
Step 2	投资决策	专家委员会决策、非上市项目投资完成、上市公司的私募完成	3—6个月
Step 3	地勘合作	和地勘单位开展合作,加大勘查和开发力度,按国际标准完成报告	1—2年
Step 4	上市平台	非上市类的IPO完成,上市公司的收购发起,上市平台的资源扩大	3—6个月
Step 5	价值增长	增发募资以增加价值、收购兼并以扩张价值,转让或开采实现的价值	6个月至1年

由此,我们从加拿大和希尔威公司的发展中可得到如下启示:

第一,加拿大是初级矿业(勘探)公司融资的理想地。

加拿大矿业资本市场的"低门槛"为矿产资源勘探融资提供了可能。初级勘探(矿业)公司可以借助资本市场的力量撬动高风险、高投入、高回报的矿业项目。这样的融资环境,也为有志于矿业的创业人士提供了舞台。希尔威公司的创始人从借壳起家,专注于中国矿产资源勘探开发,实现了创业成功的人生理想。

第二,勘查开发一体化是资本市场不发达国家地勘单位的优选项。

在资本市场尤其是矿业资本市场不发达国家,如中国,地勘单位何以摆脱资金不足的困境?希尔威公司在中国的成功,证明了勘查开发一体化之路的正确性。中国国有地勘单位可以借鉴希尔威公司的成功经验,克服困难,努力走勘查开发一体化之路,以实现良性滚动发展。否则,难以摆脱"打工"的命运。

第三,合作才能共赢。

无论是希尔威公司在中国的立足,抑或蓝海矿业基金拥有的"地勘技术优势",都与中国国有地勘单位关系密切。中国国有地勘单位的勘探人才优势、技术优势、资料优势显著,应当通过广泛的合作,发掘潜力,提升价值,发展壮大。

三、澳大利亚矿业资本市场

澳大利亚有世界上最古老的太古代克拉通地质体,从远古到中生代的地质演化发展中特别是在元古代的各个时期,澳大利亚陆块还曾发生了多次的碰撞造山运动,形成了各种不同类型的金属和非金属矿床,包括铀(约占世界铀资源的38%)、煤炭(约占世界煤炭资源的9%)、铅、锌、铜、银、钽等,是世界上矿产资源最为丰富的国家之一。澳大利亚属传统矿业发达国家,有"坐在矿车上的国家"之称。矿业是澳大利亚的支柱产业,矿业收入约占全国 GDP 的 10%,矿产品出口量约占商品和服务出口总量的 40% 以上。目前,较热门的投资矿种有铀矿(超过 1300 个勘探项目,290 余家公司)、铜矿(超过 1680 个勘探项目,470 余家公司)、铁矿(最重要的勘探项目之一)等。

与加拿大一样,澳大利亚证券交易市场的历史也很悠久,最早可追溯到 1828 年。第一家证券交易所诞生于 1865 年的墨尔本。此后相继成为了另外五家证券交易所。1981 年,全国性的证券委员会宣告成立,1987年,全国六家证券交易所走向联合,成立了澳大利亚证券交易有限公司(ASX),ASX的全资子公司是六家证券交易所。2006年,ASX与悉尼期货交易所合并,成为亚太地区最大的综合性金融交易平台,也成为全球第九大上市证券交易所。

ASX成立之初,澳大利亚的经济发展对铁矿石和煤炭等矿产品出口的依赖性很高,因此矿业企业和资源性的公司股票在股市中处于主导地位。虽然随着经济发展,ASX早已演化为综合性的证券交易所,但是矿业板块仍然处于重要地位。

澳大利亚证券市场同加拿大证券市场一样为矿产勘查类的企业提供了"低门槛":允许矿业企业在勘探作业之前,只要出具地质专家矿床储量的报告(满足澳大利亚储量报告准则,即JORC准则),就可以上市融资。对于极富潜力的矿产资源项目,还可获得"种子融资"。ASX针对矿产勘查类的公司有特殊的规定。比如,对于不能满足利润要求的矿产勘查公司,要求"净有形资产不能少于200万澳元""扣除管理成本、采矿设备和租块等的购置成本外,至少有150万澳元用于申请书所提项目的勘探工作""全部流动资金至少有一半用于购买矿权或用于建设厂房和购买设备"。澳大利亚对矿业的便利政策,吸引了中国、美国、日本、英国、法国、印度、马来西亚等多个国家的投资者。近年来,中国的地勘单位和矿业企业也纷纷登陆澳大利亚。如:华东有色地勘局——阿拉弗拉资源(Arafura Resources)(稀土元素);云南锡业——Metals X公司(锡);科瑞集团——银河资源(Galaxy Resources)

（锂）；中国五矿集团——OZ Minerals 公司（锌、铜锌）；中钢集团——中西部公司（Midwest Corp）（铁矿石）等。

四、澳大利亚必和—必拓集团三资一体化发展实践

2001 年 6 月 29 日，必和—必拓集团（BHP Billiton）成立，是由 BHP 公司和 Billiton 公司合并而成的，是世界最大的综合矿业公司，近年来已经发展成全球最大的资源公司。必和—必拓是最大的多种矿产资源的生产和经销企业，在矿产资源开采和销售领域具有支配地位。在 25 个国家拥有开采和生产基地，其业务范围涵盖铁矿石、锰、石油、铝、普通金属、不锈钢原料、冶金煤、动力煤、钻石和特殊产品等多个领域。

必和—必拓的发展战略目标是：通过勘探、开采和加工自然资源，为客户和市场提供创新服务，创造长期价值。公司的主营业务是国际矿业和能源开发。其营业额、利润和现金流主要来自于：1）开发收购能源和矿产资源；2）冶炼加工；3）产品销售环节。分析和研究以必和—必拓为代表的国际一流矿业公司的发展特点和战略模式，对中国矿业公司制定正确的发展战略，选择适合的战略模式以实现持续发展具有重要的参考价值。

91

（一）注重风险勘探，促进资源显化

提升资源价值地质勘探是必和—必拓获取矿产资源的主要方式。必和—必拓集团非常重视风险勘探，拥有庞大的地质勘探队伍，下设新加坡、约翰内斯堡、莫斯科、澳大利亚珀

斯、加拿大范库弗峰和里约热内卢六个专业子公司,组成了遍布亚洲、非洲、欧洲和美洲的地质勘探网,形成了可以在全球同时开展资源勘探的有利格局。此外,必和—必拓经常与第三方联合投资开展风险勘探活动,通过引入外部资本降低勘探风险。必和—必拓勘探的矿种主要集中在铜矿、铁矿石、多种金属、钻石、煤和镍矿方面。必和—必拓每年投入大量勘探经费,在全球范围进行风险勘探,找矿成果突出。这些成果成为集团质优量大的上游资源储备,为集团的发展打下了坚实的资源基础。

(二)资本运作加速资产与资本互化

必和—必拓的发展年表清晰地展现出其通过商业并购活动快速发展的成长进程。BHP 成立于 1885 年,利用 40 年经营发展的积累于 1925 年收购了澳大利亚新南威尔士的埃尔林顿(Elrington)和约翰·达林(John Darling)煤矿,成功完成了第一桩收购交易。自此,必和—必拓开启了商业并购之路,企业规模获得了快速扩张。Billiton 公司于 2000 年通过并购的方式,获得了世界级的智利 Cerro Colorado、Spence 铜矿和秘鲁 Antamina 铜锌矿。位于智利北部安托法加斯塔(Antofagasta)大区的埃斯孔通达(Escondida)铜矿是目前年产量最高的露天铜矿,该矿由多个世界知名矿产公司共同拥有,其中必和—必拓拥有其 57.5% 的股份。2004 年以来,随着国际市场铜价的一路走高,埃斯孔通达铜矿为必和—必拓集团贡献了巨大利润份额。2005 年,必和—必拓成功收购了世界第五大镍矿生产商、第六大铀矿生产商 WMC 资源（WMC Resources Ltd.），并拥有了 WMC 资源 100% 的股权，必和—必拓借此一跃成为了世界第二大铜生产商，第三大镍生产商，而且增加了集团铀矿开采的新领域。从上述必和—必拓商业并购案例中可以看出，不断通过资本运作，完成商业并购是必和—必拓获取优质资源，快速成长壮大的重要途径。必和—必拓通过多次商业并购获得了大量矿产资源，开拓了新的业务市场，提高了市场份额，增加了集团收入，更好地实现了资产向资本的转化。此外，必和—必拓通过与其他矿业企业全面合作的方式，实现优势互补。2009 年 6 月 9 日，必和—必拓和力拓集团签署了一份非约束性协议，决定两公司在西澳大利亚洲的全部铁矿资产合并成立新的合资生产公司，股份将由两公司按 50∶50 的比例持有。合资公司将放出两公司重叠的、世界一流的资源价值。两家公司都认为由特殊生产和发展增值作用创造的净值可高达 100 亿美元。

（三）高效资产管理提升三资转化效率

必和必拓在全球范围拥有大量、多种类矿产资源，在众多资源品市场享有支配和主导地位，依托其资源全球化分布格局，在全球多个地区建有分公司和生产基地，占据了较大的市场份额，并通过实现规模化运营管理，保持了数十年的低成本经营优势。

资源、资产优势决定了企业的市场优势。必和—必拓是全球最大的多种矿产资源生产和经销企业，拥有许多矿种的

93

大量资源,这一优势强化了集团在市场中的地位,使集团在许多矿产资源的开发领域和重要市场都具有较强的支配地位,进而使其具有很强的竞争优势,提高了集团营业收入。例如在铁矿石领域,必和—必拓是世界三大供应商之一,其下属铁矿主要位于西澳大利亚地区,但近年来也逐渐在巴西拥有铁矿石开采和运输设施。其铁矿石主要是通过长期合同的形式出口到亚洲、非洲、中东地区、欧洲以及美国,必和—必拓也是全球六大原生铝生产企业之一,是全球最大的原生铝非联合生产企业,集团铝业务涉及铝生产加工的全流程。集团在澳大利亚、巴西、圭亚那、莫桑比克、南非和苏里南拥有铝矿。必和—必拓也是全球锰矿主要海运供应商之一,也是全球三大锰合金生产企业之一,锰矿部门在南非和澳大利亚生产和经营锰矿、锰合金等。

高效资产管理促进资源资产化和资本化。必和—必拓集团产品类别丰富,经营范围广,拥有全球范围的营销网络和客户群,因此增加了产品的销售机会,形成收入多元化的特点,这些特点不仅可以有效降低集团经营的风险,使集团在市场变化中抓住更多的发展机遇,同时扩大了集团在全球金属和采矿业的优势地位,增强了集团的盈利能力。必和—必拓采用了集勘探、采矿、选矿和加工于一体的完整产业链的企业发展模式。这种纵向一体化的国际矿业企业发展模式使得必和—必拓实现了规模性开发和生产,充分发挥了其经营上资源利用率高、规模经济效益好等众多优点。此外,必和—必拓非常重视技术革新,积极采用金属和采矿业最新的技术和设备。新技术和设备可以提高生产效率和资源利用率,降低生产成本,提高产品产量和销售收入。必和—必拓通过经营多元化、生产规模化、产业一体化和技术先进化四大特点大幅度提升了资产管理效率,加快了资产向资本的转化效率,增加了集团生产收入。2011 年,必和—必拓的营业利润和净利润分别为 318.16 亿美元和 236.48 亿美元,分别比 2010 年大幅增长 58.83%和 85.88%,2012—2013 财年公司收益达 720 亿美元,运营利润达 230 亿美元。

(四)成熟融资平台提供充足资本保障

必和—必拓具有很强的融资能力,特别是充分利用了国际资本市场,建立了成熟的海外融资网络。股票融资是企业常见的融资方式,必和—必拓已先后在澳大利亚、伦敦和纽约等地公开上市,筹集了大量资金。随着金融市场的发展,目前,债券融资已经成为了必和—必拓主要融资方式。根据必和—必拓发布的财务数据显示,其获得的融资总额中 89%来自于债券,债券中约 63%来自于美国债券市场,3%来自于澳大利亚债券市场,剩余四分之一来源于欧洲债券市场。成熟的海外平台为必和—必拓的发展提供了充足的资本保障,为公司的发展筹集到大量低成本资金。

(五)"三资"一体化特征

必和必拓依靠完善的市场体系,成熟的资本运作,高效的资产管理,实现了资源、资产、资本之间的高效转换,进而使

"三资"在经济价值上形成螺旋式增长的良性循环,从而帮助企业快速发展为世界级矿业企业。可以说,必和必拓的运营模式是企业运营"三资"一体化模式中的成功典范。

资源是矿企发展和生产经营的始发点和根本点。强大有效的资源控制能力,是矿企持续快速发展的首要前提,也是"三资"转化的重要起点。矿业企业生存发展的根基是资源储量,矿产勘查是借助于矿业资本使资源显现并增值为资源性资产的必要途径。必和—拓通过持续投入和开展风险勘探活动,实现了资源向资源性资产与资本增值的高速转化,促进了资源性资产价值的显化,为企业的发展打下了坚实的基础。

资产管理是核心,是决定"三资"一体化经营中资源资产化和资产资本化效率的关键环节。必和—必拓善于把资源优势提升转化为资产优势,善于利用资本运作进行资产并购,扩大资本规模,提升资产管理。经营多元化、生产规模化、产业一体化和技术先进化是促进资产增值保值,大幅度提升资源向资产转化,资产向资本转化效率的有效手段。

资本在"三资"转化过程中起到了加速和催化作用,资本加速和放大了资源资产化和资产资本化。成熟的融资平台为必和—必拓发展提供了稳定、充足的资金来源,降低了企业的资金成本。进而提高了企业在市场中的竞争力。

必和—必拓通过"三资"一体化模式,使技术、劳动、资源、资产和资本等生产要素在市场条件下实现合理配置,提高了各类资源、资产和资本的使用效率,盘活了各类资源和资产存量,最大化了矿产资源的效益。

第二节　国内地勘产业典型运作模式分析

华东有色地质局总部位于江苏省南京市,拥有 3 栋高 12 层的大楼。2009 年,曾打出过"铺面出租,价格面议"的条幅。这反映了当时华东地勘局的窘迫。短短几年,经过改革后的华东地勘局逐步发展成一个强大的经济实体。启动改革前地质勘查利润只有 65 万元,改革后达 1891 万元;改革前,全局利润 7000 多万元,且 95% 以上来自于一个铅锌矿。改革后,尽管国际金融危机导致矿山企业利润减半,但华东地勘局仍然实现了逆势发展,全局利润达 9235 万元。华东地勘局以迅猛的发展势头在江苏乃至全国创出了品牌。

（一）思想改革:开展大讨论,转换思想

华东地勘局成立于 1955 年,曾有过辉煌的找矿业绩,发现了华东地区最大的铁矿——梅山铁矿,探明了华东地区最大的有色金属矿——栖霞大型铅锌多金属矿。该局曾先后 3 次归属中央部门管理、3 次属地化。

改革之初,同全国大多数地勘单位一样。这支队伍站在命运的分岔口。一位职工谈到初来乍到时的感受毫不讳言:"从没见过哪家单位的观念这么落后、思想这么陈旧、模式这么封闭"。挂地勘单位的牌子但没有地质主业,事业经费基本用来养队伍,企事不分,人才流失。对比江苏已完成市场改制的单位,华东地勘局落在了后面。观念问题是最大的问题,改革的最大阻力是观念和思想落后。解放思想,凝聚共识,刻不容缓。华东地勘局准备了"软硬"两手转变观念。"软"的一手,从 2006 年 11 月起,在全局开展思想大讨论,统一思想。"硬"的一手,"不换脑子就换位子",对各级领导干部的思想观念转变进行刚性约束。一是树立忧患意识;二是树立超前意识,未雨绸缪,防范风险;三是树立主动改革意识,确定地勘单位企业化改革是必然的趋势。

通过一系列学习讨论活动,大家在解放思想中,统一了思想,凝聚了共识,那就是"改革比不改好,早改比迟改好,主动改比被动改好,内力驱动改比外力推动改好","变则活,不变则亡"。

98

(二)体制改革:主辅分离、产业分离

华东地勘局改革围绕两点:一是从最难改的体制、机制入手;二是坚持勘探开发一体化,围绕矿业开发,重塑地质业,提升建筑业,发展服务业。

华东地勘局的体制改革,简言之,即"主辅分离、产业分离"。所谓"主辅分离",就是将基地管理及离退休服务等辅助性职能从各地质队中分离出来。以 814 队的体制操作为例,成立了综合管理中心,属于非法人单位,专门负责离退休职工的生活养老,负责全队人员编制、人事关系,对应上级部门的事业管理。之后充实地质队伍,专门从事单纯的地质工作业务。所有地质队改革后，体制顺了，技术骨干、返聘的退休专家加上新招大学生，"终于有队伍了"。改动机构阻力很大，但企业必须和事业"断奶"，留下单纯搞地质的队伍，把地质人才灌进去。作为事业单位，"帽子"能戴好；作为企业单位，能放开手脚走自己的路。

所谓"产业分离"，就是将地质勘查工作从以建筑施工为主的经营性企业中分离出来，重塑地质主产业。对既承担工、勘、岩土又承担地质找矿的基层单位，按业务分工改造，地质找矿单位与工、勘、岩土企业分离，确保各自独立参与市场竞争。2008年，成立了地质勘查集团和地质建设集团，按照"大地质"产业链的要求设计和划分业务功能，形成功能互补、上下衔接、整体配套的"大地质"产业体系。从工、勘、岩土的利润看，改革后由278万元增加到1855万元。

"主辅分离、产业分离"后，华东地勘局把完善法人治理结构作为进入市场、实现企业化运作的基础，投资2.7亿元注册成立华东有色投资控股公司，负责融资业务。下属各类企业，改造后整合到投资控股公司。公司创新了董事会模式，在董事会下设立了以局（大股东）、各处室为主体的财务审计、长期投资决策、考核评价等专业委员会，要求独立董事、外派董事多于执行董事，规范董事会、监事会议事制度，有效分离企业的决策权与经营权，往企业化又迈进了一大步。改革恢复了产业优势，振兴了地质勘查业，让华东地勘局尝到了甜头。

国内外很多合作者也看中了华东地勘局的企业化经营模

式,像国内的武钢、加拿大上市公司等大型企业都与华东地勘局开展了合作。

(三)机制改革:建强"司令部",着力构建企业化运作机制

华东地勘局改革前的局机关,只有办公室、后勤事务处、财务处、政工处、人事处五个部门,没有一个业务处室。下属公司企业各自为政,业务雷同。2006年,局新领导班子建起后,首先从机关改革发力。改革后,除合并原有处室外,新成立了经营管理处管理企业,成立投资发展处搞战略研究、项目投资,成立了矿业经济处搞矿业开发,成立了地质科技处搞地质科技、项目质量管理与研究,成立了离退休服务处,专门为离退休职工服务,全面强化了局机关的组织协调与综合管理能力。

推行集权化、扁平化管理,是华东地勘局内部机制、制度改革的指导思想。一是建立下属企业能生能灭的机制,通过建立新考核评价办法,所有企业与事业经费"断奶",自主经营、自负盈亏。二是建立干部能上能下的机制,所有的公文都在网上处理,通过办公自动化系统实行机关全员客观理性的在线电子化考核,根据考核结果实行末位淘汰。三是建立人员能进能出的新机制,主动实施全员聘用制,除省管干部以外的所有事业在编人员全部按企业要求签订合同,实行聘用制管理,借鉴企业化管理模式打破了端了几十年的"铁饭碗"。四是建立收入能高能低的新机制,按行业平均利润和人均创

利水平制定企业年度目标,年终再按考核结果兑现工资、奖金,改变了以往考核走过场、奖金平均拿的现象。机构改革、新制度建立盘活了局机关,理顺了总部与"诸侯"的关系。2006 年到 2007 年短短一年内,华东地勘局新制定实施的规章制度就达 60 多项,涉及人事、财务、企业管理、地质矿业、医疗卫生、党群等各个方面。在短时间内改革力度之大,制度设计之密,并不多见。

(四)技术改革:建强人才队伍,壮大科研装备

人才、技术、装备是地勘单位的根本。在地质工作低潮期,华东地勘局曾一度陷入人才流失、科研停滞的局面。

这几年华东地勘局实施抢机遇、抢资源、抢人才的"三抢战略",引进了 335 个大学生,其中博士和博士后 11 人,硕士 86 人。2009 年,江苏省人民政府向给华东地勘局提供 360 个高水平人才引进人事指标。同时华东地勘局还在中南大学、南京大学设立百万元奖学金,对口培养急需人才。

改革前,华东地勘局科研几乎一片空白。而如今,华东地勘局用利用横向项目平台,实现与科研院校嫁接,已成为全国 19 家有色单位中唯一一家既是国家自然科学基金依托单位又拥有博士后科研工作站的单位,目前承担着 3 个国家基金项目,两个"973"项目和一批省部级专业项目。人才队伍、科研力量壮大,为可持续发展奠定了坚实的基础。

油气勘探是华东地勘局的优势项目。该局 814 地质队从 20 世纪 80 年代就已进入油气勘测领域,油气物探实力在全

国名列前茅。目前能源勘探项目贡献率超过全局市场项目份额的 50% 以上，形成了"固体找矿与油气勘探比翼双飞"的格局。华东地勘局还将研究运用地震方法找矿，目前已经与中科院建立了这一领域的合作关系。立足未来，华东地勘局为经济发展提供资源保障，已经开始着手进入海洋地勘领域。

此外，属地化的国有地勘单位根据新的形势、地域经济、社会特点和自身实际情况，在管理体制和经营机制改革、地勘经济发展等方面进行了有益的探索和实践，出现了内蒙古、广东等改革模式，为地勘单位的改革与发展提供了有益的经验。

第三节　与国外地勘产业运作模式对比及借鉴

地质工作是事关经济和社会发展的重要的基本工作，服务于经济和社会的各个方面。不同国家由于政治体制、经济发展水平以及资源丰富情况程度不一样，其地质工作管理体制和运行机制也不尽相同。但是，各国地质工作有以下三个显著的特点：

首先，无论一个国家的正式制度和经济制度如何，又不管在什么发展阶段，有一个专业团队从事公益性地质工作，通常被称为地质调查局（所），其所组织的公益性地质工作是非营利性质的，目的是为全社会提供公共产品，追求社会效益，因此，政府的财政支持是完成此类地质工作的物质基石。

其次,随着国家或区域工业化、城镇化进程加快,人口进一步增长,以及经济全球化带来的对矿产资源的需求正以前所未有的速度增长,与此同时,新方法和新技术的发展也促进了矿产资源的开发与利用。在这种情况下,商业性地质工作逐步取得了重大的突破。

最后,商业矿产勘查是地质工作的主体,商业性矿产勘查在国民经济中占据着重要的地位。现代市场经济国家对矿产勘查高度重视,并且作为矿业的有机组成部分,政府、企业、市场作为一个有机整体,三者之间相互作用,相互影响。一方面,充分发挥市场的作用,规范和发展探矿权市场,并使有机集成探矿权和矿业资本市场、商品市场、矿产勘查劳动市场之间相联系;另一方面,政府运用各种各样的宏观调控措施以期有效地支持矿产勘查产业发展,包括财政、税收和金融等手段。因此,商业性发展对世界地质勘查工作体制和机制的建立和完善有着深远的影响。

需要注意的是,市场经济国家的地质工作体制实行的是地质调查和矿产勘查分别运行。从地质调查机构来看,对于政绩的要求,在于勘矿的理论储量与潜力,而不是本身有多少的成果。其主要以地质调查为主要手段,并为矿产勘查提供有效服务。而且,世界各国由于国情不同,在不同的发展阶段,矿产勘查的需求也不一样。现在大多数国家地质调查机构倾向于减少或摆脱单一的勘探活动。在国内矿业活动不是很活跃的情况下,政府采取措施推进矿产勘查的技术,并且进行初步的勘查工作,如此,便可为企业矿产勘查提供新数据、

103

新知识以及新理论的帮助,以促进国内整个矿产勘查市场的发展。但是,国家之间的差异不能一概而论,每个国家的具体运行机制是各具特色的,但是总的来说,在地质勘探业的发展过程中,还是有一些共同之处。

一、矿产勘查管理体制

首先按照地质工作规律,地质调查是矿产勘查活动的上游,矿产勘查又构成了矿业开发的上游产业。在市场经济国家,矿业的起点一般是商业性矿产勘查,所以,从体制而言,矿产勘查应当归为一个统一的矿业体制。

在国外,在矿产勘查的产业规制方面,市场经济国家实行矿产勘查的主要目的是营利,并且主要由企业投资实行资本金核算制度。而且,市场经济国家主要是通过市场来实现各要素的优化配置,所以,矿产勘查市场要素主要有探矿权、勘查资本、中介服务、勘查技术以及勘查信息等,其中,核心要素是探矿权。另外,政府只通过收取租地费、资源税等来对矿产勘查业进行宏观调控。

在矿产勘查的管理上,市场经济国家政府主要采取了宏观调控、信息服务、市场监督等措施。政府对矿产勘查活动的管理主要在于以法律作为主要手段保障商业性矿产勘查的有序进行,通过组织高效率的地质调查工作,为矿产勘查提供优质的服务;并且通过财政、金融、税收等政策用以弥补商业性矿产勘查市场存在的缺陷;最后,为了加强探矿权市场的规范,适度监管商业性矿产勘查活动的实施。

　　在矿产资源的社会管理上，市场经济体系较为完善的国家主要通过制定标准、规范程序市场运作，以此促进市场繁荣，主要还是由市场本身完成，并且由行业组织制定规范及标准。中介组织的介入可以活跃市场经济活动，这样，既可以维护市场竞争的活力，又有利于国家宏观调控目标的实现。

　　当下，我国实行的地勘行业管理体制主要包括了管理的主体、管理的职责以及管理的方式。

　　在我国，现有地勘行业管理体制是中央与地方两级管理。中央一级的管理机构是国土资源部，下面设有两个部属机构，分别是国家测绘地理信息局和国家海洋局，国土资源部内部设有政策法规局、调控和检测局、耕地保护局、规划局、土地利用管理司、地质勘查司、地籍管理司、矿产开发管理司、地质环境司、矿产资源储量司、地质环境司等司局，另外一个是部属事业单位——中国地质调查局，包括了天津地调中心、沈阳地调中心、南京地调中心、成都地调中心、西安地调中心以及武汉地调中心六大地调中心。中央一级主要负责的任务是制定法律法规、政策来进行人事管理和国有资产管理，并且对国家的地勘项目进行宏观调控。地方一级的管理机构是各个省份的国土资源厅（县市的是国土资源局，乡镇的是国土资源所），并且相应地设置了相对于国土资源部下各局司的处室一级直属事业单位，比如地质研究所等，主要工作职责类似于国土资源部。

　　对于公益性的地勘活动，从具体的管理来讲，先由国土资源部的中国地质调查局牵头，再由六大地调中心负责，项目承担单位具体执行三级项目运行管理体制。经费经由国土资源部按照项目情况编订预算,由财政进行划拨支出,其勘查成果按照一定的程序和要求进行汇交,进而为国家的社会经济服务。对于商业性的地勘活动,主要是由矿属地政府进行管理。当地政府会将探矿权推向市场进行拍卖,然后由取得探矿权的地勘单位进行生产,遵守"谁投资,谁受益"的原则,鼓励各大企业在市场中进行公平且合理的竞争,并取得相应的回报。

在当下的管理体制方面,政府所扮演的角色绝对不能事无巨细,而应该做到真正的宏观调控,进行间接管理,实现政企分离。从这个方面来讲,应当充分发挥行业协会在市场中所起到的作用,使其扮演政府和地勘单位之间的纽带,做好协调及服务工作。

二、国际矿业资本市场融资

所谓国际矿业资本市场,指为不同国家、不同类型的矿业公司或者资源型企业提供矿业勘查和开采资金的资本市场。作为国际资本市场的重要组成部分,国际矿业资本市场和一般的资本市场有着一定的区别。其中,最为典型的是矿业资本市场的融资方式与矿产开发过程的阶段表现出明显的相关性,即在不同的矿业开发阶段,矿业公司在国际资本市场的资本筹措方式差异明显,且在整个过程中很少出现单一渠道融资现象。从表4-4中可以了解到国际矿业资本主要的运作方式。

表4-4 国际矿业资本主要运作方式

融资方式	资金来源	适用范围	优缺点	条件
联合风险经营	联合风险经营合作伙伴,矿业期权市场上的上下家关系	基本上各种类型的矿业公司及各个阶段的矿业项目均适用,特别是勘查	优点:优势互补,风险共同承担,共同的商业目标,可实现公司的"跳跃"式发展,成本低 缺点:股票被稀释,控制权可能丧失,选择权协议及联合风险经营协议的谈判过程十分复杂而困难	国家矿业投资环境的改善使一大批跨国矿业公司纷纷进入,矿业权市场及矿产勘查市场的活跃
项目融资	商业、投资及政府进出口银行和担保公司等	处于银行可承兑可行性研究之后的矿山开发项目	优点:不影响公司的信用,风险分担而形成的有限追索或无限追索权,表外融资以增加负债能力 缺点:筹资成本高,谈判时间长,程序繁琐	有吸引力的、可盈利的矿业项目
租赁融资	租赁公司、制造商及经销商	大型的勘查及开发项目	优点:容易获得,优化公司的财务结构,表外融资,不影响公司信用 缺点:融资成本常高于举债融资,对剩余财产余值无要求权	有转为矿业服务的租赁公司,勘查及采矿设备的制造商和经销商的存在
债券私募	银行、非银行金融机构、感兴趣的个人或机构投资者	未达公开上市条件且贷不到款的初级矿产资源公司及不愿将信息全部公开的大公司	优点:财务状况好的企业在资本市场利率低且自行发行时筹资成本很低;比股权融资便利,成熟期长 缺点:对企业不利的债务合同条款;对企业长期、短期债务及股权出售和回购的限制约束了企业的运作	法律法规允许债券私募性发行这种融资方式的存在;有一批有专业投资经验的机构投资者存在,公司处于生长期

107

续表

融资方式	资金来源	适用范围	优缺点	条件
公开上市	社会公众投资者、银行及非银行金融机构、机构投资者	达到股票交易所要求的门槛的、需要大量资金的成长中的矿产资源公司,成熟的矿业公司,国有矿业公司的私有化	优点:可筹集大量无须偿还资金以改善公司财务状况;可作为货币使用购买矿业权及其他公司;利用股票吸引第一流人才加入,及时掌握公司评估价值及运作状况 缺点:失去公司隐私权,相当大的管理工作要求及成本支出;限制了经理人员操作自由度,矿业权的转让等也有限制	符合现代企业制度要求的公司的存在是先决条件,金融市场、勘查商业文化发育,交易所允许发行勘查股票
贷款	银行、非银行金融机构	主要针对含证实或查明储量的矿地产,需要满足银行可承兑可行性研究	优点:不影响公司控制权,股权不被稀释,利息可从应税收入中扣减,实际上由银行承担了大部分风险 缺点:影响公司的信用,贷款难度大,常要求以矿业权或其他资产担保,公司经营受限	银行在政府关于矿业税收的法律法规和政策下计算矿业项目有收益

108

三、矿业权交易平台

矿业权分为探矿权和采矿权。探矿权指的是依法取得的勘查许可证规定的在一定范围内进行勘查矿产资源的权利。采矿权,是指授予采矿权人以土地的独占权用以进行开采,并且使其能够拥有合法开采矿产的权利。在形式上,国外矿业权的运作包括探矿权的取得—探矿权的转让—采矿权的取得—采矿权的转让等四个方面。

（一）探矿权和采矿权一级出让市场平台的运作

从国外的调查情况来看，探矿权和采矿权一级出让市场由国家进行垄断，不同国家根据自己本国的实际情况采取不同的出让形式、原则及条件。市场经济国家政府对所有矿产资源的矿业权出让一般采取四种方式：（1）授予。主要是早申请者优先授予，适用于一般性的矿产。（2）协议。出让原则是经过协商谈判以达成协议。（3）委托。国家对某些重要的特种矿产勘查及开发利用所采用的一种出让形式，由政府直接委托给相关的国营公司或者是政府机构。（4）拍卖。由矿业主管部门代表政府就两权的出让进行公开的叫价，价高者得。这些出让的方式共同存在，但又各有不同，互为补充。不同的国家应当根据自己本国的实际情况选择不同的配套组合方式，来形成两权一级的出让市场基本框架。

（二）探矿权和采矿权二级转让市场平台的运作

从各国矿业法规来看，除个别国家外，大多数国家都允许将探矿权和采矿权在二级市场按照法定程序有序流转。市场主体之间开展平等交易的经济行为，明令必须要严格遵守国家的监管。

探矿权和采矿权在二级市场上的转让有很多种形式，包括了转让及部分转让、抵押和继承等。由于不同的国家有不完全相同的情况，所以，不同形式的转让条件和国家监督的内容也是不相同的。

从调查情况来看的话,在矿业权转让的过程中,评估并不是一个法定程序,但是都要通过法律规定的评估机构。在一般的情况下,评估机构都是有着严格的行业规范及行业自律的准政府组织,其特点是超脱性、公平性、公正性以及公示性。主要是为企业提供服务,同时服务于政府。

在资金筹集方面,市场经济国家对于矿产勘查的投资都来源于社会资本,都包括了个人及企业的直接投资以及股市的集资,一般情况下有三种方式进行筹资:第一,由个人和企业直接投资找矿,进入门槛比较低,自己承担风险和收益;第二,企业或单位通过专门的风险资本市场,将勘查投资证券化;第三,将地质项目进行合资、合作,可以把社会资本引进来,方便共同从事矿产勘查。一般情况下,政府不会出资,就算是政府出资,也将经过国有单位进行运作,体现为社会资本。奉行的原则是"谁投资、谁受益、谁担风险"。

从投入—产出看,矿业勘查的生产活动与普通商品生产有着显著的差别,主要在于具体项目上的经济效益的相关性。由于风险巨大,有的时候可能收益颇丰,有时则可能血本无归。所以,在国外关于矿产勘查投资的回报主要依靠矿业权的价值增长来获得资本的增值。主要通过以下两种方式:第一,可以通过持有矿产勘查公司的股票,在找矿良好的情况下追求增值。在这过程中,可以随时变现,也可以随时退出。第二,作为矿产勘查公司或者是勘查项目的股东,当找矿效果良好时,股本可以获得增值,并且可以通过转让或者是通过矿产品的利润来获取收益,但是并不一定能全部回本。

　　国土资源管理部门的统计数据显示,2008 年,我国包括探矿权和采矿业权在内的矿业权流转总数量达到 2470 宗,交易总金额达到 1332170 万元人民币。2001—2008 年,我国矿业权流转统计如表 4-5、图 4-2、图 4-3 所示。

表 4-5　全国矿业权流转(转让)统计①

年度	探矿权		采矿权		合计	
	数量(宗)	金额(万元)	数量(宗)	金额(万元)	数量(宗)	金额(万元)
2001	54	10705	511	140950	565	151655
2002	163	53705	2388	312949	2551	366654
2003	493	95282	1006	373597	1499	468879
2004	711	269108	1487	406291	2198	675398
2005	675	204861	1411	463019	2086	667880
2006	897	296205	908	231277	1805	527482
2007	1578	680896	975	358809	2553	1039705
2008	1379	816339	1091	515831	2470	1332170

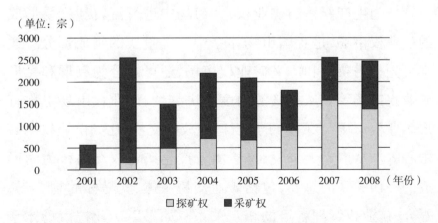

图 4-2　全国矿业权流转数量统计图

————————
① 资料来源:《中国矿业年鉴》(2001—2011)。

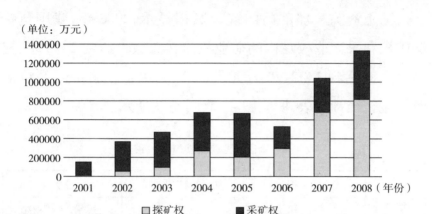

（单位：万元）

图 4-3　全国矿业权流转金额统计图

　　从表 4-5、图 4-2 和图 4-3 可以看出，2001—2002 年采矿权流转的数量和金额大大高于探矿权；2003—2008 年全国探矿权和采矿权交易的数量和金额均呈现增长的趋势，且采矿权交易的数量和金额增长较快，反映出我国矿业权交易较活跃，矿业权流转市场在逐步完善。

　　作为生产要素的矿业权，在市场中进行流转和交易形成的矿业权市场，是我国市场体系中一个重要的组成部分。通常可划分为狭义和广义矿业权市场，还可划分为有形和无形矿业权市场等。从狭义的角度来讲的话，矿业权市场也称有形矿业权市场，专门用于进行矿业权的交易，比如矿业权交易中心等。从广义上来说，是指由于产生矿业权交易行为而形成的一切关系的总和，包括矿业交易主体、交易标的物、交易媒介、矿业权管理者等的相互关系。如果以矿业权市场体系的结构为标准，可划分为出让（一级）市场和转让（二级）市场。

（一）矿业权出让（一级）市场

矿业权出让（一级）市场主要是指矿业权管理机构以批准申请、招标、拍卖、挂牌等方式，向申请人、投标人授予（出让）矿业权的行为，由此构成矿业权出让（一级）市场。从产权的角度来说，国家是矿产资源所有者；在实践中，主要由政府主管部门来行使该权利，向矿业市场经营主体有偿出让矿业权，由此构成矿业权出让（一级）市场，并将部分财产权让渡给矿业权人，形式民事和行政管理双重职能。

（二）矿业权转让（二级）市场

矿业权转让（二级）市场是指矿业权拥有者以出售、作价出资或合作、并购改制等方式转移矿业权的行为。这种转移方式是一般在矿业权拥有者、涉矿企业、矿业中介、矿业公司等经济实体之间转移，并由此构成了矿业权转让（二级）市场。

矿产资源实体以探矿权和采矿权的形式，实现其产权分割，有了相对独立的法律地位，成为矿业权市场交易的标的物，通过不同层次的矿业权市场的流转，发生民事关系而实现其财产权益。在矿业权流转的过程中，涉矿企业、矿业公司、矿业中介、矿政主管部门等主体，处于不同的地位、以不同的职能和方式，在矿业权市场运行机制的调控下，要素之间相互联系及作用形成了我国的矿业权市场运行体系。

矿业权市场基本类型及其要素间相互关系如图 4-4 所示：

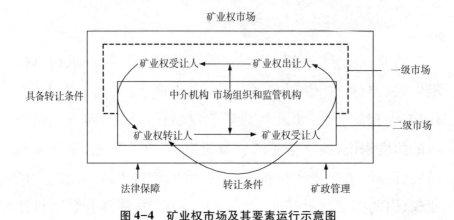

图 4-4　矿业权市场及其要素运行示意图

　　矿业权流转主要有两种基本的方式,包括一级市场的出让和二级市场的转让。不同的矿业权市场类型,由于市场化程度不同,具体的流转方式也有差别,尽管如此,市场化运行方式仍然是配置资源的有效方式。

(一)矿业权出让方式

　　矿业权出让是指政府作为矿产资源所有者将矿产资源使用权以某种方式让渡给矿业权人,赋予矿业权人在规定区域和期限内,进行矿产资源勘查、开发利用并获得部分收益的权利。在《矿业权出让、转让管理暂行规定》等相关文件中指出,矿产资源主管部门在出让国家出资勘查形成的矿业权、依法收归国有的矿产地以及其他矿业权空白地时,必须委托具有相应评估资质的机构对矿业权进行评估。这既是国家对矿产资源所有权的体现,也为政府制定相应的矿业政策、矿业权市场交易等宏观调控提供决策依据。在许多矿业发达的国家通常都采用授予、委托、协议、招标拍卖的方式在一级市场出让矿业权。我国矿业规制计划属性较强，矿业权市场不发达，因此，矿业权的出让方式主要采取行政授予、委托的形式，极少采用市场属性较强的招标拍卖等方式出让矿业权。1998年2月12日，国务院颁布了矿产资源勘查区块、开采登记等管理办法，在这些办法和规定中，可以通过招标、拍卖等市场形式有偿出让矿业权。国土资源部在2003年6月11日颁布了《探矿权、采矿权招标、拍卖挂牌管理办法（试行）》①，在该办法中明确规定，在采用招标、拍卖或挂牌等方式进行矿业权交易时，必须按规范的操作流程进行，这些规范的流程，具有较强的实用性和可操作性。由此，初步建立了我国以招标、拍卖等方式出让矿业权的市场交易体系。

（二）矿业权转让方式

115

矿业权转让是在二级市场进行的，主要的方式有矿业权直接转让、矿业权证券化转让、出租、抵押、信托等形式。

根据有关管理规定，当矿业权以转让为目的时，"矿业权主体转让国家出资勘查形成矿业权的，应该由矿业权主体委托有资质的评估机构对矿业权实施评估"。也可以理解为，矿业人拟转让的矿业权，其勘查投资的性质属于中央或地方财政的地质勘探费、各种勘查基金、矿产资源补偿费以及专项经费，同时需要对这种矿业权在转让时进行强制性的资质评估。除此之外，其他相关企业如矿山、矿业公司、地勘公司等

---

① 中华人民共和国国土资源部网站（http://www.mlr.gov.cn/zwgk/flfg/kczyflfg/200406/t20040625_17425.htm）。

发生并购重组、合作或合资经营等市场行为时,必须对有关各方涉及的矿业权权益进行评估,为各方与矿业权有关的权益得到公平合理的体现与保护提供价值依据。当矿业公司以矿业权为依托上市交易时,按照公司法、证券交易上市条例等规定要求,对涉及矿业权的价值必须聘请有资质的评估机构进行评估。在上市交易后,一旦发生矿业权的重大变更,必须对矿业权标的重新评估;同时矿业权的评估还可以为矿业企业的发展规划、投资决策和经营管理提供科学依据。

第五章　新型地勘产业的界定

第一节　地勘产业的概念

一、地勘的界定

对一般意义上的"地勘产业"的概念界定,首先需要明确对"地勘"一词的认识。地勘,顾名思义即是地质勘探或地质勘查活动。广义地说,一般可理解为地质工作的同义词,是根据经济建设、国防建设和科学技术发展的需要,对一定地区内的岩石、地层构造、矿产、地下水、地貌等地质情况进行重点有所不同的调查研究工作……狭义地说,在我国实际地质工作中,还把地质勘查工作划分为五个阶段,即区域地质调查、普查、详查、勘探和开发勘探。

进一步推究其外延内涵的话,根据不同的勘探对象或工作目的,地勘工作还可以分为矿产地质勘查(以寻找和评价矿产为主要目的)、水文地质勘查(以寻找和开发地下水为主要目的)、工程地质勘查(以查明铁路、桥梁、水库、坝址等工程地区地质条件为目的),除此之外,还包括一些特殊领域的勘探工作,例如区域地质调查、海洋地质调查、地热调查与地热田勘探、地震地质调查和环境地质调查等。"地质勘查必须以地质观察研究为基础,根据任务要求,本着以较短的时间和较少的工作量,获得较多、较好地质成果的原则,选用必要的技术手段或方法,如测绘、地球物理勘探、地球化学探矿、钻探、坑探、采样测试、地质遥感等等。这些方法或手段的使用或施工过程,也属于地质勘查的范围。"[①]在本书中,"地勘"所指主要是"地质矿产勘查",是"地勘"大概念的下位概念。

二、地勘产业的界定

地勘产业又称地质矿产勘查业,是立足于地质勘查工作基础之上的产业(即对于地质勘查业务的产业化),是采矿业在社会需求的催生下进一步进行劳动分工的产物,也是我国社会生产部门的基础产业。

地勘产业最初隶属于采矿业,为矿产的勘探、找寻提供技术支持与服务。随着社会大生产的发展,人们对矿产资源的需求呈现出爆炸式的增长,对矿产资源利用的结构、广度和深度也在进一步提高,在这种背景之下,地勘产业就应运而生。

地勘产业的基础是地质矿产勘探活动,包括矿区区域地质调查、矿产与矿床定位普查、勘探与开发等。地质矿产勘查

---

① 曹洪、牟翠雨:《新时期地质勘查技术的原则与方法》,《基层建设》2015年第18期。

工作具有以下几个方面的特征:首先,地质矿产勘探工作是采矿业的必需前提和基础,是采矿业第一生产阶段的独立化。没有地质矿产勘探活动,就不会有采矿活动的发生,所以地勘产业是采矿业的奠基产业。其次,对于地勘产业而言,其劳动生产对象和生产目的具有一致性,其劳动生产对象可以理解为具体实在的矿藏,也可以理解为对矿藏的勘探行为本身;而寻找、探明矿产资源并为后续采矿工程奠定基础是地勘产业的目的所在,同时这个目的的达成也是地勘产业所取得的成果本身——那么也就意味着,地勘产业的劳动对象和产品是一致的,是既现实又虚拟、既表现为物质实物也凝聚精神智慧的劳动成果,是生产过程与产品实现的高度统一体。再次,地质矿产勘查活动既具有物质性,又具有工具性。没有矿藏的发现探明,就不会有采矿业的物质来源;没有矿产资源信息的进一步阐明,采矿活动也无从下手。地勘活动为后期采矿工程的展开提供了蓝图和技术指导。所以地质矿产勘查活动虽然无法表现为直接的物质生产,本身却又包含着生产的物质基础和工具基础。

　　学者茹鉴(1991)在其《地勘产业的性质、地位及其经济学问题》一文中对地勘产业的地位做了如下描述:"地勘产业是采矿业劳动对象的提供者,地勘产业是某些特殊重要矿产的直接生产者,地勘产业是为我国提供矿产资源战略储备的生产者和保护者,地勘产业还是世界矿产资源生产、技术合作和其产品交流的经营者和参与者。"这四句话的定位不仅凸显了地勘产业在国民生产行业中不可动摇的基础行业的重要地位,更从不同的角度阐明了地勘产业的概念外延,使对传统地勘产业的认识进一步深化和宽泛化,而不是仅仅停留在传统的对地质矿产的寻找和勘探上,地勘产业也有其独特而多元的活动领域和空间。

第二节　新型地勘产业的定义及内涵

一、新型地勘产业的定义

随着改革开放的深入和地勘市场化的进一步提高,传统依赖于计划体制的地勘产业运营日渐困难,急需以新的发展模式破解传统模式的诸多弊病,因此,本书特提出"新型地勘产业"这一概念,"新型地勘产业"属于本书的新提法。之所以提出新型地勘产业的概念,是为了与传统的地勘产业相区别,以突破其传统的发展方式。根据本书的研究预设,新型地勘产业是以优势矿产品为依托,依靠地质技术和地质人才的支撑作用,在传统地勘产业的基础上,充分调动市场资源配置的力量,大力拓展地质延伸业,积极发展新型地勘产业,从而形成符合新时代生产需要、适应自身健康长远发展的地勘产业模式。

新型地勘产业要体现自己的"新",而又不能丢失"地勘产业"的产业性质,就必须充分继承传统地勘产业的优势,并有意识地规避传统地勘产业存在的问题和缺陷,只有在此基础之上有针对性地展开新的开拓,新型地勘产业才可以走出传统地勘产业面临的困境,真正成就其"新型"的定位。那么根据前文的分析,新型地勘产业的预设有必要赋予传统地勘产业新的内涵,继承和发扬传统地勘产业的某些优势,比如人才队伍的维持和培养、勘探技术与经验的积累和探索、对于已有产业链条的继承和进一步发展、优秀的适宜的产业模式的建构等。同时,新型地勘产业要形成自己的新风尚,还应该大刀阔斧地进行改革和创新,以革除陈弊,为开拓新型地勘产业的发展格局打开新局面。

二、新型地勘产业的内涵拓展

通过对新型地勘产业内涵的界定,本书认为新型地勘产业的内涵可从以下几个方面拓展:

(一) 立足传统地勘业

地勘产业在发展过程中,主要形成了三个方面的优势:一是产业优势——地质勘查是国民经济建设中的一支重要方面军,其功能不仅非其他产业所能替代,而且还可以向工业、农业和城乡建设等诸多领域延伸,成为社会发展广泛需要的基础产业;二是技术优势。对于研究地球这个庞然客体,地质勘查拥有从天(航空遥感、遥测和资源卫星图片)到地(地面直至地下)的探测技术和装备,已成为地勘产业延伸发展的重要物质基础;三是人才优势。地勘业历来都是由一支知识密集型的队伍组成,其间人才济济,他们也是向多种经营的广度与深度进军的主力军。优势是实力的基础,新型地勘产业只有基于本地实际，继承和发扬传统地勘产业的优势，才能更好地应对外部宏观环境的变化。

（二）充分调动资源配置

从广义上讲，资源是指经济资源或生产要素，包括自然资源、劳动力和资本等。可以说，资源是指社会经济活动中人力、物力和财力的总和，是社会经济发展的基本物质条件。而市场主要通过供求关系来配置资源，当市场的某一种物品需求增加的时候，就会有更多的人投入更多的资源进行这种物品的生产，而某种物品的需求减少时，资源将会从这一行业撤离，减少其生产。

通过市场配置资源，能够提高企业的资源效率。企业作为经济主体，总是不断追求经济利益或者投入产出比的最大化，因此在竞争导向下，劳动生产率较高、生产要素整合能力越强的企业，在竞争中将占据主动和优势地位，并且在市场体系中占据较多话语权，能够主导和支配产品价格，从而获得较高的收入。相反，劳动生产率较低，生产要素整合比较差的企业，在竞争中将处于被动地位，在市场体系中处于价格从属地位，无议价能力导致较少的收入以至蚀本。因此在完全竞争的市场环境下，企业主体在自身利益的驱使下会主动地采用先进的科学技术、改进经营管理，以提高劳动生产率，提高自身竞争力，进而带动整个社会生产力的迅速发展。

随着体制机制改革的不断深入，大部分的地勘单位将实现从行政部门的附属单位向市场化企业的转变。面临当前的形势,地勘单位应当义无反顾地摒弃以往"等靠要"的生存方式,大步走向市场,成为社会主义的商品生产者和经营者,逐步实现自主经营、自负盈亏、自我发展和自我约束的目标。地勘单位不再是国家某个行政部门的附属物,应该充分利用市场配置资源的力量,成为活跃在市场中的独立的经济实体。

(三)拓展地质勘查延伸产业

产业链是建立在产业内部分工和上下游之间存在的供需关系基础上,以若干个企业为节点、产品为小节点,纵横交织而形成的一个密集的网络状系统。延长矿产资源开发产业链,是实现矿产资源合理开发和提高行业竞争力的重要途径。产业链条与产业附加值成正比,产业链条越长,表示产品得到了深度开发,产品的附加值也随之增加。大力拓展地质勘查延伸业,有利于拉近地勘单位与市场的距离,掌握更多的核心资源、有助于扩大市场份额。

当前地勘单位多种经营的效益差异很大。一些与地勘业无甚联系的项目,由于对行情和技术过于生疏,不仅难以准确地预测市场,而且往往出现引进淘汰技术或设备的误断。使得这些单位不仅未能增强活力,反而背上更为沉重的包袱。而与地勘业联系较紧密,其技术和设备均可直接应用或稍加转化到地勘业的延伸产业,则在市场经济中展示出欣欣向荣的景况。地勘延伸产业不仅将勘查技术服务领域延伸到社会各有关领域,而且把勘查业务扩展到其他行业及各个社会层次,同时还把勘查技术和业务渗透到矿产地质以外的各个地

123

质科学分支领域。因此,地勘产业延伸不仅促使地质工作实现社会化,而且由于延伸的成果是通过市场以货币来进行交换的,即突破了长期以来社会无偿占用地质成果的习惯思维,进而促使地质成果实现商品化,而作为社会商品的生产者的地勘单位,实现企业化则亦顺理成章。地质工作实现"三化"(社会化、商品化、企业化),是地勘单位适应社会主义市场经济体制建立和发展的最佳途径,而地勘产业延伸则是地勘单位实现地质工作"三化"的最佳突破口。因此,确立产业延伸作为走向市场的起点,是地勘单位遵循市场规律,优化自身经济行为的明智选择。

(四)积极发展新产业

新型产业意味着新的经济增长点,也意味着经济发展的新的方式。培育战略性新型地勘产业是增强地勘单位核心竞争能力的必然选择。所谓的核心竞争力,又称"核心竞争优势",指的是经济单元所具备的应对自身变革与外部竞争,并且取得竞争最后胜利的因素的集合。经济实体的竞争优势通常难以被竞争对手所复制和模仿。核心竞争优势在某种程度上等同于关键成功因素,几乎可以说是各经济实体得以生存和发展的生命线。作为服务于经济社会发展各个领域的地勘单位,其所拥有的陈旧的勘查开发技术、服务方式已与社会经济发展的需求脱节,因此进行地勘单位自身的改革,从技术、资本等生产要素方面进行跟进能够促进地勘产业的长足发展。而现阶段需在新兴产业尚未形成之时,抢抓机遇,围绕培育战略性新型地勘产业搞好服务,在服务中把握先机,有所作为,抢占新一轮创新发展的战略制高点。

　　积极发展新型地勘产业,既要密切结合各区域地勘单位特点和实际,也要紧密围绕国家培育新能源、新材料、信息化、空间海洋及地球深部开发利用等新兴产业的战略部署;既要充分发挥地勘单位的本身已拥有的技术优势,也要增强地勘单位的自主创新能力,引领新技术的发展趋势;既要加快地质信息化建设及应用步伐,也要进行管理方式的革新以期实现地质工作主流程信息化。总之要在更宽领域为国家层面战略性新兴产业服务,最终服务于国家经济的增长和社会的发展与进步。

第三节　新型地勘产业的特征

一、新型地勘产业特点

（一）新科技

　　"科学技术是第一生产力",先进的科技是地勘产业实现持续发展的重要支撑力量。新型地勘产业的发展首先意味着在科学技术力量上的突破和进步,摆脱粗放的生产方式,形成具有现代化意义的生产方式和生产格局。新型地勘产业的新科技应该有这样几种获取方式:

　　第一,引进与借鉴。人才的引进是科学技术引进的首要资源。科学技术的引进首先是对人才的引进。人才是科学技术的掌握者和最终发挥效力的实施者,新型地勘产业需要一批能够掌握现代地勘科学知识且可以操控先进科技设备的人才。由于传统地勘产业中科学技术人才知识结构的过时以及科学技术方面的滞后,新型地勘产业亟须改变这种局面,对于引进人才而言,可以从国内外大学、研究所、地勘企业等相关单位进行对口引进,我们需要什么样的人才,就引进什么样的人才,人才的引进也意味着科学知识的同步引进。由于欧美日等发达国家和地区在现代地勘产业发展的道路上起步早,科学技术力量雄厚,所以新型地勘产业尤其有必要引进那些掌握国际地勘产业前沿科技的人才,既可以是留学归国的研究生,还可以是地勘科技的专家。其次是对先进科技设备的引进。地勘产业涉及许多复杂的知识和各种复杂的地质条件,需要用到多种勘测设备与探测仪器,此外,地勘产业的附带产业也需要有各种加工机器设备。随着地勘产业科技含量的升级,这些设备与工具需要及时更新换代才能保证最大效率地产出地勘成果。新型地勘产业必须要始终保证这一点。除了寻求国内先进地勘设备更新之外,还应该将视野放到全球地勘产业,许多先进的设备在国内可能无法在短时间内生产出来,那我们就需要将其引进,以保证国内地勘产业的科技含量。再次,对科学技术的引进和学习。直接的技术引进说白了就是通过商业形式实现对某种先进地勘科学技术知识成果产权的转让与购买,通过购买,获得别人先进的科学技术成果为我所用。购买并非唯一途径,通过对地勘产业科技前沿

126

的关注,或者通过各种相关知识平台、科技杂志的阅览,以了解或掌握相关的前沿科学技术,也可以部分获得这些科学技术知识,这不失为一种不错的学习借鉴方式。

第二,合作与开发。地勘产业取得新科技的另外一个重要渠道是合作与开发。新型地勘产业要想保持科学技术的领先优势,需要通过与外界保持合作,充分利用社会最新的科学成果,参与科研成果物化劳动转换的社会分工,通过大学、科研机构、高科技公司引进先进生产技术成果,可以以联合的形式或者独资的形式兴办科技含量高的新产业。当然,除了通过合作方式获得新科技以外,新型地勘产业还要立足自身的科研团队或者通过合作的方式自力更生,结合自身的经验研发具有自主知识产权的新专利、新科技、新设备。此外,也可以与高校、研究所等联合培养地勘产业方面的科学技术人才。

127

(二)新平台

平台是一个产业开展各种生产经营活动的舞台,一个产业拥有的平台所处的规格层次和类型,决定了这个产业的施展空间。地勘产业过去固然已经形成了具有自身特色的平台,但是却还不能适应新时期大规模集约化生产的需要。新型地勘产业必须拥有自己的新平台。

第一,融资平台。地勘产业作为一种涉及巨量国家矿产资源的产业,必须有自己的融资平台,以吸纳资金整合力量进行资本运营,使得地勘产业的生产可以做到规模化和集约化。地勘产业通过融资,可以在稳定厚实的财力支持下开展更多有意义的项目,比如研发新科技,开发新的衍生生产链,建立上市公司,使地勘产业稳步走向市场,走向现代意义的规模化集约化生产经营。

第二,交易平台。我国是一个矿产资源大国,矿产资源分布范围广泛、种类繁多、规模大小不一,以矿产作为生产经营对象的企业众多。在矿产资源生产经营逐渐步入市场化经济的时代,非常需要搭建一个能够为多方提供矿权集中交易的平台。新型地勘产业必须拥有这种交易平台,使得各种矿权在透明化、公开化、规范化的前提下进行无障碍交易。这样将不仅有利于规范市场秩序,也有利于矿权交易朝着更加健康的道路发展。

第三,服务平台。在庞大的地勘产业体系中,不同的地勘单位、企事业都有不同的诉求,以及可以提供不同类型的产品和服务。新型地勘产业的服务平台就是针对地勘产业体系内部各种诉求而搭建的,其身份相当于一种中介或者纽带,旨在为各种不同的主体,提供包括地矿信息、产权交易、产品业务、订单需求在内的一系列沟通、跟踪、促成合作等服务项目。

（三）新产业

人们对于传统地勘产业的认识,多数停留在单纯对于矿藏资源的勘探与发现上,以为这是地勘产业的全部。事实上,这种认识在一定程度上局限了地勘产业的发展。新型地勘产业要走出这种局限,首先需要改变这种对于地勘产业的陈旧的认识。地勘产业以地质矿藏的勘探为主要业务,但是围绕着这一业务,事实上可以衍生出许多延伸产业。如果将地矿勘探作为地勘业的骨架的话,那么这些延伸产业就是地勘业的血肉,有了延伸产业的发展,地勘业才可能真正丰满起来。所以,地勘产业由传统走向新型,事实上就在于对延伸产业领域巨大潜力的开发。

新型地勘产业注重成果的转化,使得矿产能够展现其最大价值。成果的转化有利于新的成果迅速转化为生产力,同时为地勘业自身带来收益。通过某些特定的延伸产业的开发,一方面弥补市场的不足,另一方面通过对初级产品的加工,提高地矿产品的附加值,改变地矿业粗放生产与经营的局面。此外,新型地勘产业甚至可以转变传统的观念,走出横跨地勘业与其他产业相结合的路子,比如湖北恩施地区富硒大米的开发,就是针对矿区特色开发出来的创意产品。这就是农业同地质成功结合的典型例证。总而言之,新型地勘产业就是要通过延伸产业链的建构,最大限度地形成现代化地勘产业系统,提升自己的科技含量与附加值。

（四）新体制

新中国成立以后,地勘业长期是作为采矿业的附属业而存在的,这是计划经济时代的产物。进入新时期以后,地勘业虽然摆脱了过去的那种附属业的身份,但由于国家对于矿产资源在法律权限上的控制,地勘业事实上仍然处于体制僵化、行政干涉过多的困境。因此,改革地勘业的经营管理体制,是势在必行的。

新型地勘产业之"新"还有一个重要特征就是新体制。新体制是针对旧体制而言,由于过去的地勘产业长期受计划经济的影响,在体制上表现为权力集中,管理上管控有余而灵活不足。新型地勘产业的体制机制首先体现在权力下放,改变过去决策权过度集中的局面。通过权力的下放,留给各个地勘单位更加自由灵活的施展空间,从而解放基层地勘单位的创造力与生产力。此外,新型地勘产业要积极引入新时期先进的经营管理模式,使得地勘产业的经营、管理、决策走向科学化和规范化,改变过去"一切行动听上面安排"的集中僵化局面。

地勘产业新体制还有一个重要的方面是对于市场机制的引入。进入 21 世纪第二个十年,我国的市场经济体制改革可以说已经进入了一个非常深入的层面。市场调节机制无处不在发挥着作用。在社会主义市场经济的大背景之下,地勘产业也必须使自己融入市场经济的大潮,接受市场的锻炼和考验。另外,由于过去僵化的体制机制的影响,地勘产业作为一个传统企业已经表现出缺乏斗志、养尊处优、吃"大锅饭"的倾向。在这个时候,只有通过市场竞争机制的刺激和调节,才可以重新激发出产业内部的活力与战斗力,挽救处于发展困境中的传统地勘产业。

二、传统地勘产业与新型地勘产业对比

传统地勘产业是相对于新型地勘产业来讲的一个概念,本书提出了"新产业",那么"旧产业"就成为了传统产业。

（一）传统地勘产业与新型地勘产业的相同之处

传统地勘产业人才队伍的维持和培养、勘探技术与经验的积累和探索、已有的产业链条和适宜的产业规模，这些优势都是新型地勘产业不能丢弃的，反倒应该继续发扬和继承；新型地勘产业要走出自己的"新"，又不丢失"地勘产业"的产业性质，就必须充分继承传统地勘产业的优势，这也是传统地勘产业与新型地勘产业的相同之处。

（二）传统地勘产业与新型地勘产业的不同之处

想要真正成就其"新型"地勘产业的定位，就需要有意识地规避传统地勘产业存在的问题和缺陷，只有在此基础之上有针对性地展开新的开拓，新型地勘产业才可以走出困境，这也是与传统地勘产业的不同之处。而传统地勘产业的诸如布局分散、产业规模小、技术水平不高、体制僵化、缺乏市场化运作等问题也是新型地勘产业应避免和舍弃的。在此基础之上，新型地勘产业所具有的特点正如前文的分析，也是融合了新兴产业的特质而形成的，对于新兴地勘产业我们提出以下三种观点：

观点一：新兴地勘产业是在业已存在的地勘产业（旧产业）基础上，伴随着社会经济发展对地勘产业的需求或者地勘产业分工细化而出现的新兴的产业，是一种继承传统完全新生的力量。

观点二：新兴地勘产业是指立足于地勘产业本身的资源

优势,借助市场的力量,实现周边产业与传统地勘产业优势互补的目标,从而推动区域均衡发展、扩大就业、提高国际竞争力的升级。

观点三:新兴地勘产业是指以地勘新技术为突破的、以技术创新为核心而拉动市场需求的产业,属于高新技术产业的范畴之一。

综上所述,新兴地勘产业可以定义为承担了部分新细分的产业功能的,而且具有一定规模和影响力的,代表着地勘需求市场对地勘行业发展系统整体产出的新要求和产业结构转换的新方向,同时也代表着新的地勘科学技术产业化新水平的,正处于产业自身生命周期的形成阶段的产业。也就是说,新型地勘产业相比于传统地勘产业具有新技术、新体制等一些不同之处。

第六章　我国新型地勘产业发展路径选择

第一节　我国新型地勘产业发展的原则

一、产业发展集约化

从宏观经济上理解,1958 年苏联经济学家第一次引用"集约化",并将其定义为:在经济社会活动中,同一经济范围内,通过经营要素质量的提高、要素含量的增加、要素投入的集中以及要素组合方式的调整来增进效益的经营方式。从企业经营上看,集约化的"集"指集中,集合人力、物力、财力、管理等生产要素进行统一配置,而集约化的"约"则可表示在集中、统一配置生产要素的过程中,在要素约束下,以效率为价值取向,实现降低成本、高效管理,进而使企业集中核心力量,获得可持续竞争的优势。

从发展新型地勘产业的要求看,产业发展集约化是指应在最充分利用一切资源的基础上,更集中合理地运用现代管理与技术,充分发挥人力资源的积极效应,以提高工作效益和效率的一种形式。具体可从以下角度来思考：

首先，发挥产业规模经营的优势。集约化需要生产要素的相对集中，将地勘产业内的优势资源整合，使得产业要素局部投入形成"集中办大事"的优点。支持鼓励一批技术实力强，经济效益好的地勘单位规模化发展。通过将资源向优质地勘单位倾斜，形成更多科研实力优、服务能力突出的优质地勘单位，探索地勘产业转型的方向和路径。规模化经营坚决杜绝"高成本、低效率"和"少、慢、差、费"的情况。应推进机构整合，对基础力量弱、经济效益差、运行效率低的地勘单位实行迁、并、改造和撤销，打破地勘产业转型中的组织"中阻梗"。

其次，突出质量经营的特点。集约化的最终目的是提高效益，提升全行业生产效率。地勘产业转型不是一味"扩外延"和"抢地盘"，更要注意"聚焦内涵"。发展新型地勘产业应明确自身发展的内在取向，尽快启动公益类与商业类地勘事业分流改革，通过产业分工的专业化优势使得地勘产业转型的界限变得科学清晰。而地勘单位应明确以质量经营推进自身业务流程的改造或再造，使得资产质量、负债质量、管理质量、服务质量等方面上档次、上台阶。

134

二、业务能力品牌化

《牛津大辞典》将品牌定义为"用来证明所有权，作为质量的标志或其他用途"，即用以区别和证明品质。而在产业演化进程中，品牌已跳出了单纯品质证明和区别的简单含义。品牌化是发展新型地勘产业的重要推动因素。在过去的计划经济体制内,地勘单位在均质化的发展环境下缺乏品牌运作的战略推动力;而新时期发展新型地勘产业,必须牢牢树立品牌意识。新型地勘产业品牌化的价值在于通过品牌的强大溢价能力激励地勘产品质量进行改进,而产品附加值的提升催生了更多的品牌。

发展新型地勘产业,尤其是商业性地勘,品牌化可以凸显产业产品竞争力优势,满足高质量产品消费需求,是发挥比较优势向竞争优势转化和获取更高经济利益和提高产业竞争力的重要途径。创建品牌是提升产业龙头企业竞争力、实现规模经济的有效途径;创建品牌有利于地勘产业相关企业的跨国并购和区域兼并重组,产业品牌的存在便于降低合作方顾虑、降低合作成本,提升主体行为成功的概率。

135

三、产业资本市场化

在传统地勘行业融资中,一方面由于信息不对称等因素,导致部分前景良好的矿业项目找不到合适的投资人,出现无法融资的情况;另一方面,地勘行业固有的特点——"三高"(高风险、高投资、高技术),也使得许多潜在的矿业投资者没能正确、有效地开展矿业投资行为。作为我国国民经济发展最重要的支柱性产业之一,矿业是需要大规模投资的行业。通过资本市场融资,众多矿业公司可以发展壮大。因此,明确矿业企业"三高一长"行业特征,彻底解决矿业公司投融资问题,是我国诸多矿业企业急需面对的头号难题。

而在新型地勘产业的发展中,首要的是必须解决资本的门

槛问题,让市场资金的杠杆撬动整个地勘产业向更开放、更专业的新型方向迈进。必须让地勘产业内的资本树立起风险与收益相关联的意识,使得产业发展资本以市场配置的方式选择优质的地勘项目,避免过去地勘项目融资困难,单一行政手段等形成"劣币驱逐良币"的状况。再者,加快矿业权平台建设步伐势在必行。由于商业采探矿权拥有巨大的市场溢价潜能,可充分将勘采一体化的资本优势发挥到支撑新型地勘产业的建设。

第二节 我国新型地勘产业发展模式构建路径分析

一、我国新型地勘产业发展模式指示图

何谓新型地勘产业发展模式?最为核心的一点——其必定是脱离了传统上单独依赖地质勘查为产业主轴的发展模式。新型地勘产业之新,不在于在矿勘环节进行修正,而在于矿勘环节结束之后的产业发展。也就是说,矿勘环节在新型地勘产业发展模式中,仅仅只是系统的输入,而非系统的全部。

但是,如何向地勘产业的下游延伸,并不是单纯在矿产品上进行深加工就可以回答的问题。而是需要因地制宜,将传统地勘产业的技术优势、人力资源储备、产业优势等要素,结合资本市场和新技术的力量,孕育出全新的发展模式。结合上一章研究得出的结果分析,可以看出,新技术的运用、较高的劳动力水平和市场资本对新型地勘产业发展的影响具有较

强的作用。因此,本章在讨论了我国新型地勘产业发展路径的选择、资本市场培育的问题后,通过与上一章归纳的重点影响因素结合分析,构建了以湖北省为例的新型地勘产业发展模式指示图,如图6-1所示。

137

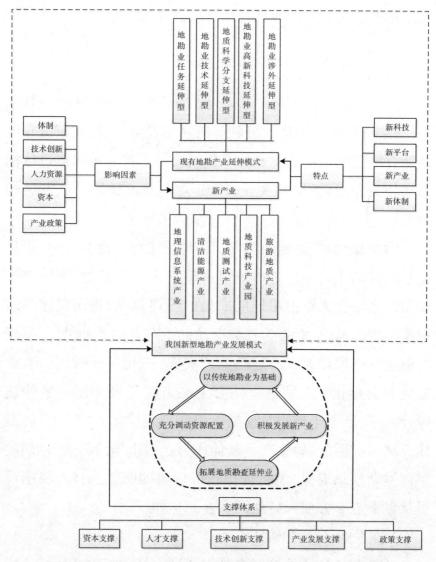

图6-1 新型地勘产业发展模式指示图

二、我国新型地勘产业发展具体路径的思考

我国新型地勘产业的发展路径的实质是应当着眼于满足地勘产业上下游需求和整合产业内外要素资源,拓展地勘产业的发展外延与成长内涵。根据本书前述的分析,具体而言,可以从产业延伸和产业替代两种模式考虑。

(一)产业延伸模式

产业延伸的价值链原理在于,当某个产业发展遭遇瓶颈时,与之协作的其他产业链的价值并不发生衰减,甚至极有可能拥有较强的市场潜能或技术创新实力。产业可以通过目标市场相关、产品性能相关、技术相关等方式延伸产业发展的链条。

因此,地勘产业延伸不仅促使地质工作实现社会化,而且由于延伸的成果是通过市场以货币来进行交换的,即突破了长期以来社会无偿占用地质成果的习惯思维,进而促使地质成果实现商品化,而作为社会商品的生产者的地勘单位,实现企业化则亦顺理成章。地勘单位实现"三化"——社会化、商品化和企业化——是适应社会主义市场经济体制的最佳途径,而地勘产业延伸则是地勘单位实现地质工作"三化"的最佳突破口。因此,确立产业延伸作为走向市场的起点,是地勘单位遵循市场规律,优化自身经济行为的明智选择。我国可以从以下五个方面开展地勘产业的延伸。

1.地勘业任务延伸型

地勘业任务延伸型主要是指通过市场委托以及招标等形

式开展矿产勘查及其后续相关的任务。其中,勘查任务包括新的矿产地的找矿——勘探和老矿山的补勘等项目;而后续任务则主要是指矿山基建中的地形测绘、工程测量、工程钻探以及地方矿山的一些业务培训和技术咨询项目。任务延伸型与原地勘业务相比较,具有两个"不变"、三个"不同"的特点。所谓两个"不变":一是工作和服务对象不变——均分别为矿床和矿山;二是工作内容和手段基本不变,尤其是勘查任务部分——仍按照一般的地勘工作分阶段投入在地质勘探工作、物化探矿工作和探矿工程中。三个"不同":一是任务和资金来源不同——延伸项目的任务和资金来自于市场;二是任务范围不同——延伸项目吃"百家饭",矿种杂,比指令性项目所表现的以行政主管部门为轴的行业矿种范围要大得多;三是约束机制不同——指令项目受主要部门的行政约束,而延伸项目多以合同形式承诺,受有关法律约束。

2.地勘业技术延伸型

将矿产勘查技术(包括稍加适应性改进)推向市场,解决非矿产勘查业务中的技术问题。这种类型的实质是勘查技术在服务范围上的延伸与扩展。以地下管线探测为例,该种地勘业技术延伸型本质上是应用磁法、电法的地球物理勘查技术。该类型即勘查技术转化优势的具体体现,它使勘查技术走出了矿产勘查的单一领域,投入到了可以最大限度地发挥其潜力的广阔天地。

3.地质科学分支延伸型

所谓地质科学分支延伸,指的是从矿产地质或矿产勘查业单一模式中走出来,参与到多个分支科学领域中,如环境地质学、农业地质学、医学地质学等等,并在其中发挥自身优势,此类延伸以平面延展为特征。同时,基于地勘业在向外围拓宽的现实,应当考虑到自身也要不断地提高高新科技含量。否则,随着勘矿找矿难度增大,地勘业自身的路将会越走越窄。如工业矿物学(工艺矿物学)研究在促进矿产资源开发、扩大找矿领域、推动地勘业发展中起着领衔作用。因此,矿产地质学深化延伸应当由此入手,进而扩大到矿床、找矿方法、探矿工程、地质经济等整个矿产地质学领域,以使地勘业不断适应国民经济发展的需要。

4.地勘业高新科技延伸型

当前科技开发日新月异,计算机、微电子、新材料等高新科技应用领域日益广阔。地勘业应当主动迎接这一浪潮,依靠高新技术,不断提高地质勘查业及其延伸产业的技术水平和管理水平,这是保持和提高市场竞争能力的最佳途径。

5.地勘业涉外延伸型

改革开放给我国的地质勘查业,在技术和劳务方面提供了参与国际合作或单独承担外向型项目的机遇。凭借我国地勘业优秀的从业者素质、技术装备条件,极高的服务性价比,完全有能力涉足国际地勘业,成为我国科技力量跻身国际市场的一支重要方面军。

(二)产业替代模式

产业替代是指经济发展过程中,产业间结构或产业内的不断调整和再生,通过这种方式实现产业发展中资源再配置不断由低效走向更高效。对于发展新型地勘产业而言,产业替代并非意味着地勘产业的淘汰,反而代表地勘产业进入新的发展阶段。具体可以从以下三个方面理解:第一,随着社会经济的发展,地勘产业作为基础产业所服务的对象和市场也会发生变化,而市场需求的转移和改变也会从外部影响地勘产业,新的产业需求改变了地勘产业的内涵。第二,地勘产业链自身发生了质的变化,随着产业环节某个核心或整体的进化和发展,整个产业在某个时间节点实现了全方位的替代。第三,技术创新、需求变迁等外部性因素与地勘产业自身发展等内外因素的共同影响,使得地勘产业在时间、空间上发生了产业更新和替代。

1.地理信息系统产业

地理信息系统,又被称为地学信息系统,是用于某种特定用途的空间信息系统。借助计算硬件和软件的支持,通过搜集部分甚至整个地球表面与地理分布有关的数据,并进行储存、管理、运算、分析、显示、描述的技术系统。在新兴科技的推动下,建设地理信息系统产业,并与矿产资源的开采开发相结合,所形成的地理信息系统的突出优势在于:一是对自然资源实行数字化统一管理;二是最大限度地开发利用信息资源。

地理信息系统处理、管理的信息包括空间信息和非空间信息。空间信息主要包括地形、地貌、地层、不同类型的资源以及与之相关的各种空间关系的集合;非空间信息则主要包括经济、社会、人口相关的信息。地理信息系统不仅可以便捷地了解地形、土壤、气候等相关的数据,而且还可以获取不同地区矿产和森林等资源相关的信息,之后利用空间分析、虚拟现实等技术,模拟出人类活动以及对生产和环境的影响,从而制定出可持续发展的对策。

2.清洁能源产业

清洁能源产业应包括对能源高效、清洁以及系统化应用的技术体系。含义有三点:一是清洁能源应该是指能源利用技术体系,而不应是简单的对能源的分类;二是清洁能源既具有清洁性,还包括经济性;三是清洁能源利用后的排放物必须符合规定的排放标准,对环境应是友好的。目前,清洁能源的形式多样,可以是地热能、太阳能,也可以是风能、海洋能以及氢能等。在能源短缺日益严峻的今天,大力发展清洁能源、形成系统化的清洁能源产业,对于降低高消耗、高污染的能源使用意义重大。

清洁能源产业的建设要放眼长远,抓住机遇,在注重生产效益的同时,积极争取国家和有关方面的支持,进一步加大科研投入力度,争取在企业经济效益方面和科研创新能力方面同时实现大丰收。发展清洁能源是能源开发利用领域的一场深刻革命,也是一个长期的历史过程,要切实发挥好高科技人才的智力优势,深入持久地关注这一重大问题,不断研究新情况、提出新见解、解决新问题,为发展清洁能源贡献力量。

3.地质测试产业

"地质、勘探、实验三足鼎立,三分天下有其一。"早在20世纪50年代初,李四光就指出了地质测试在地质工作中的重要地位。20世纪60年代以来,我国就开展了地质测试工作,该项工作为矿产资源、地质科学研究以及环境评价工作奠定了基础,成为国土资源调查、普查勘探、找矿、矿产储量计算和矿产综合利用不可缺少的重要依据。

第一,建立并完善与环境地质、地球化学调查实验相关的测试体系。包括重要重金属、有机污染物分析,生态地球化学调查中生物样品的分析,天然放射性(氡)潜势调查等分析方法。

第二,建立并完善与能源地质调查实验相关的测试体系。研究陆地油气地球化学勘探的分析测试技术,开展煤炭、油页岩、油岩分析测试等。

第三,建立并完善与非能源矿产资源调查实验相关的测试体系。重点关注两个难度较高的分析:一是硫化矿物中超痕量稀土元素分析;二是矿物中铂族元素原位分析。此外,开展矿石类样品的X射线荧光(XRF)快速分析方法相关的应用研究,建立并完善与盐湖资源实验相关的测试技术方法体系。

第四,建立并完善与海洋地质调查实验相关的测试体系。重点关注与海域和海岸带海洋环境地质调查评价相关的分析技术方法体系构建;同时,建立并完善海域天然气水合物、海洋环境地质、海洋油气和海洋生物样品分析技术方法等。

第五,建立并完善与地下水污染调查实验相关的测试体系。包括:现场检测技术;重要有机污染物分析技术;无机多元素分析技术以及与之相关的检测方法,此外还包括土壤中

143

挥发性苯系物的测定等。

第六，加强同位素分析技术研究。完善和发展稳定同位素定年和示踪方法，发展有机地球化学同位素实验测试技术，完善单体同位素分析测试技术体系，与油气资源相关的黑色页岩、油页岩的 Re-Os 同位素体系研究等。

第七，加强微区与原位分析技术研究。建立微区与原位化学成分、同位素分析测试技术方法和外星体样品分析技术研究。

第八，元素分离富集技术研究。建立高效、低成本、无（低）污染样品制备、化学成分分离富集与绿色分析技术，以及高效、无（低）污染的样品前处理技术等。

第九，岩石矿物鉴定及矿物物性分析技术研究。包括以X光、拉曼探针、红外、电镜、电子探针等分析测试技术在岩石矿物鉴定及矿物物性中的应用研究。

第十，地质实验测试标准化体系研究。包括紧缺标准物质的研制，有机、无机、微区、同位素分析标准方法的制（修）订，质量管理规范的制（修）订等。

4.地质科技产业园

地质科技进步对经济发展的促进作用有两个方面：一方面，地质科技的进步先直接促进了地质行业本身的发展，然后再传播到其他的行业，最后扩散开促进了整个国民经济的发展；另一方面，地质科技进步改进了经济建设的方式，进而促进了经济发展。同时，经济的发展反过来又会形成更加先进的地质科技，从而实现地质科技进步与经济发展的良性互动。

地质科技进步与经济发展是互相影响、彼此促进的关系。了解彼此间互相影响的基本路径对于正确认识地质科技的作用,为决策者在制定经济发展战略中合理分配与地质科技相关的资源提供依据。建设地质科技产业园,加强地质技术间的交流与合作,能够有效突破现有的技术壁垒,从而实现产业,最终形成相关的产业链。

5.旅游地质产业

直到 20 世纪 80 年代末,旅游业中地质遗迹资源的重要性才逐渐被人们所认知。基于其独特的观赏和游览价值,依据地质遗迹建立地质公园等旅游地质产业,能够在不改变地质遗迹资源原有特性的前提下使其资源得到永续利用。根据地质资源的实际情况,针对性的发展旅游地质产业,是利用地质遗迹资源的最好方式。

考察旅游地质产业发展的实际情况可以发现,以建立地质公园为代表的新型旅游产业能够改变传统旅游地质产业中的生产和资源利用方式,从而为地方旅游产业的发展提供了新机遇。可依据地质遗迹自身的特点,结合地方特色文化,发展差异化旅游产业,促进地方经济发展。

深入研究旅游地质产业对当地的旅游经济的提高有着不可估量的作用。第一,当地可与地质类特色学校像旅游管理专业等加强合作,发动专业学校的师资力量来加强旅游地质产业的建设。第二,相关部门可组织地质公园等相关旅游地质知识在民间的文化传播,使广大群众加强对旅游地质这类自然风光的了解。第三,加强对旅游地质环境的保护,可加强

145

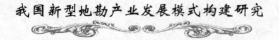

相关的法律法规建设,避免人为的恶意破坏。

第三节　我国新型地勘产业物质保障模式探索

新型地勘产业是高风险、高成长、高科技的技术和资金密集型产业,其构建与发展离不开庞大的物质保障与支撑体系。新型地勘产业从构建、发展直至成熟,大量人才的培养,技术投入与研发等都需要大量的资金基础,除了国家、地方的政策支持与财政鼓励等大量的基本制度红利外,如何构建一个成熟的资本市场仍是一个亟待解决的难题。本书通过前述对发达矿业国家的分析与借鉴,提出以下五种模式。

一、信用担保模式

发达的信用制度是市场经济建立的基础。信用是以偿还为手段的商品或货币的让渡形式:也就是债权人向债务人贷出货币或者赊销商品,而债务人则在债权人规定的日期按约定偿还贷款、支付欠款。这种融资模式最初起源于中小企业"物权不足且缺乏信用"的条件下,本质上将"信用"作为一种担保标的以弥补"物权不足"的一种中介行为。

一是由地勘行政管理部门作为直接出资人,建立地勘信用担保机构。建议限制乃至废除地勘基金这种已有的投融资方式,同时改革地勘基金管理机构,重点将地勘基金管理机构改组转型为地勘信用担保机构。

二是允许地勘信用担保机构支配原地勘基金所占用的各种资源,并将矿产资源财产性收入逐年按一定比例,注入到信用担保机构中。等时机成熟,逐步放开地勘信用担保机构的资金来源,吸纳多种经济成分,实现开放式运作。

三是政府应以支付成本的方式实现地勘信用担保机构的正常运作。一方面,可以减免企业营业税和所得税,将减免的税款注入到企业的风险准备金账户里;另一方面,给予担保机构适度的财政补贴。

四是开展两种担保业务:企业担保和项目担保。针对高风险和高收益的项目,担保机构可以根据实际情况相应地提高担保费用以及赔偿比例。

五是鼓励不同的人才和机构进入到信用担保机构,如矿业评估人才、储量评估机构,最大限度地减少投融资咨询和鉴证过程中不承担经济责任的行为。

二、供应链融资

供应链融资主要是指银行通过对整个供应链的审查,了解并掌握与供应链核心企业相关的基本信息,在对核心企业实施风险监控的基础上,为核心企业和上下游相关企业提供金融产品及服务的融资方式。寻找供应链中的大企业,也就是核心企业是"供应链融资"最大的特点。以核心企业为中心,向上游和向下游延伸为整个供应链提供资金支持。针对核心企业上下游相对弱势的中小企业,资金将被注入以解决

147

该类企业融资难问题。此外,商业银行也加入到上下游企业相关的购销活动中,一方面增强了银行的商业信用;另一方面进一步促进了上下游中小企业与核心企业长期协同战略关系的构建,确保了整个供应链竞争力的提升。供应链融资相关的主体一般有四个,只有通过相关主体的共同协作,才能保证融资的顺利实现。第一个供应链融资主体是金融机构,主要包括银行和担保公司,主要功效是提供资金支持;第二个供应链融资主体是第三方物流企业,主要提供质押物和资产管理服务;第三个供应链融资主体是为供应链中资金需求方提供资金融通的借款企业;第四个供应链融资主体是实力强、规模大的核心企业,该企业能够为融资难企业提供融资担保。

三、内源性融资

如果中小矿业公司外部融资出现困难,转向企业内部深度挖掘自身的融资潜力是关键。一是要在源头上增加企业收入,在使用上节约每一点资金,提高企业资金的周转率,从而最终达到提高资金的综合利用效率。二是注重内部资金的积累,注重资金使用质量,不盲目扩大企业投资规模,避免出现资产"由活到死"的情况。企业应该充分利用资金,让资金流动起来,根据市场的变化有针对性地调整资金投放策略,破解融资难问题。大部分的中小矿企业具有体制机制灵活、管理成本低的优势,但若想在激烈的市场竞争中进一步发展壮大,就应该充分利用自身的优势,认真做好市场细分工作,实现企业经营的差异化、专业生产,增强自身的市场竞争力。

四、建立和发展创业板市场

通过研究世界资本市场的历史发展,发现仅仅依靠主板股票市场是不够的,成熟的股票市场应该为资金变现提供多样化的选择。一方面,创新板市场的建立与发展,能够直接为部分中小企业,特别是高新技术的中小型企业提供融资可能。相对于进入发展扩张期或居于稳定成熟期的中小企业而言,主板市场依然存在着不可逾越的资金融通规则障碍;反观创业板市场,具有市场准备门槛低、上市条件宽松两个优势,所以中小企业可以在创业板上市从而实现直接融资的目的。另一方面,由于我国主板市场自身的原因,非国有高新技术企业的上市融资存在着一些问题:一是主板市场主要服务于国企改制,而大多数非国有高新技术企业很难在主板市场上市;二是主板市场对指标管理有着严格的规定,即使少数非国有高新技术企业能够成功在主板市场上市,却也很难满足大多数高新技术企业的融资需求。

我国矿业企业,特别是矿业勘探企业,因为投资风险大、规模小等诸多原因,还很难达到目前规定的上市条件。可根据矿业企业的普遍特性,制定符合矿业企业上市的规章制度,构建专门的矿业板块。天津矿权交易所所创建的矿业融资板块,是我国第一家专业矿业权交易平台,开创了我国矿业资本场外交易的先河,为后续相关机构的完善提供了先期经验。矿业板市场参与主体很多,包括天交所、挂牌矿业公司、做市商、投资人、保荐人、律师事务所、会计师事务所、矿权评估机构、独立地质师、储量评审机构等。参股矿业板的投资人分为

149

机构投资人和自然投资人两类,其中,特定自然投资人需要在某一矿业公司挂牌交易前,已经在公司投资入股成为原始股东。具体需要具备两个条件:一是挂牌前持股量不低于50万股;二是净值不低于50万元。在天津矿权交易所首期挂牌的机构包括两家矿业公司和两家矿业基金。虽然前期挂牌的机构数量不多,但对于从事生产性的矿业公司及其勘查公司而言,为解决矿业公司矿山开发和勘探开发的资金问题,意义重大。天津矿权交易所通过管理机制的有效设计,构建了恰当的交易板块,实现了股权而非矿权的交易。天津矿权交易所简化了矿业投融资过程中繁杂的手续,实现了矿权与资本的对接,让投资方更加便捷地通过矿权交易来开展矿业投资,融资人也能快速地获得资本。

五、ECE 融资模式

(一)内保外贷

所谓内保外贷,是指在事先批准的对外担保额度范围内,境内银行给境内企业在国外的子公司提供融资担保,而境内公司又反过来担保境内的银行,最后由境外的银行为境内企业的国外子公司发放贷款的过程。具体流程是:境内银行开具保函,为境内企业的境外子公司提供担保;境外子公司凭借保函、备用信用证向境外银行申请银行贷款。在对外担保额度内,内保外贷的形式无须逐笔进行审批,这极大地缩短了业务的流程。此外,内保外贷与普通的对外担保相比,增加境内公司对境内银行的反担保程序,这能够在很大程度上保障银行资产的安全。内保外贷实现了企业和境内外银行三者的共赢。

(二)中期票据

中期票据主要是指具有法人资格的非金融机构根据计划在银行债券市场发行的按期还本付息的债务融资工具。中期票据具有以下几个特点:金额大;利率低;周期长;无须担保;完全市场化。中期票据实行注册制,受理机构是 NAFMII(中国银行间市场交易商协会),相较于需要审批或者核准的企业债以及公司债等直接债务融资相比,中期票据具有审批程序简单、时间短(一般三个月左右)等特点。中期票据实行一次注册、分期发行,灵活性很强;同时注册有效期长、提供了逆向询价机制。

(三)境内上市融资

国内最好的融资方式是主板上市,国内上市具有三大优势:一是重要的融资渠道;二是改善企业公司治理结构、夯实企业管理基础、促进规范发展;三是有助于提升企业的品牌价值以及市场影响力。

第七章 新型地勘产业支撑体系的构建

第一节 资本市场的培育和发展

一、发展商业地勘

在中国特色社会主义经济制度下,地勘工作根据经济属性大致可以分为两类:公益性地勘和商业性地勘。根据国土资源部咨询研究中心调查,美国、法国、澳大利亚商业性地勘工作与公益性地勘工作的比例分别是 85:15、80:20 和 95:5;反观我国地勘工作,公益性地勘工作在日常生产中居于主导地位,商业性地勘明显不足。因此,在新形势下,针对地勘工作的改革,重点鼓励发展商业性地勘工作是未来发展的趋势。在公益性地勘工作中,国家承担基础性和战略性地勘工作的资金;而在商业性地勘工作中,本着"谁受益、谁投资"的原则。因此,商业性地勘工作改革的关键就是吸引社会资金注入到地勘工作中。其中,实现地勘单位企业化改革是深化商业性地勘工作改革的重点。通过地勘单位企业化改革,争取进入主板上市融资,充分利用社会闲散资金,就能够确保我国地勘行业的稳定发展。商业地勘的资金合作模式包括矿业权作价出资的资金合作模式和企业间债转股合作模式两种。

（一）矿业权作价出资的资金合作模式

所谓矿业权作价出资的资金合作模式,是指资金需求方将探矿权根据市场出价,作为资本投入,而资金供给方则以实际资金作为勘探投入,资金供求双方订立合同,约定彼此间的权利和义务,共同进行地质勘查以及后续的相关行为。在该种合作模式中,资金需求方一般为拥有探矿权或采矿权的矿业公司、地勘单位,而资金供给方既可以是国内外的矿业公司,也可以是欲投资矿业的工商企业和个人。对于地勘单位而言,探矿权作价出资的合作模式是一种新的营利模式。商业性地勘工作主要包括采矿、选矿、冶炼以及矿产品加工等,是居于产业链条最前端的基础性和前置性的环节,实现地勘工作勘查开发一体化是未来地勘单位改革的方向。所以,商业性地勘项目获利将成为矿业权运作的主要方式。通过转让或出让探矿权,地勘单位可以凭借股东的身份参与后续的增值环节,最终实现利益共享、风险共担的目标。

该合作模式的优势主要有两点:第一,根据市场的实际情况,开展矿业权市场评价工作,并以此出价作为投入,解决了地勘单位资金不足的窘境,在实际开发中有利于提高项目推进速度。第二,通过降低管理及资源开发成本,能够极大地提

153

高地勘单位的生产效率。

当然,这个模式存在相当的风险,主要体现在三个方面:第一,探矿权评估作价过程中,价值溢价部分难以评估;第二,如果采取"一刀切"的原则,对探矿权作价出资评估中最高限价进行计算,这种形式在具体实践中将遭遇严重挑战;第三,探矿权作价出资的民事流转规则,需要进一步完善。针对矿业权作价出资的资金合作模式中存在的问题,可以通过以下对策完善该种模式:一是对探矿权作价出资的方式、条件、程序等过程,尽量细化;二是完善探矿权作价出资的财务处理;三是建立合理的探矿权流转收益分配调节机制;四是完善探矿权作价出资及流转的制度设计。

(二)企业间债转股的资金合作模式

该种模式主要针对企业的债权人,将其对企业拥有的债权转变为企业的资金投入,债权人变身为企业股东,而原先所确定的债权债务关系就变为持股关系,股东(债权人)根据持股数量(债务转化量)参与企业最终分红。在实际操作中,企业间债转股的资金合作模式更多发生在地勘单位与矿山企业、冶炼企业之间,因为彼此间具有多年的业务往来,且彼此联合能够实现优势互补。地勘单位与相关企业签订债转股协议,将债权转化为企业股权,有助于地勘单位根据现代企业制度规范营运。

企业间债转股合作模式有三大优势:第一,该种合作模式能够将债权转化为股权,完善了地勘单位资产负债表;第二,该种合作模式通过照顾到债权和债务双方,能够实现共赢;第三,该种合作模式有利于相关业务的推进,延长了企业产业链条。

相对来说,企业间债转股的合作模式是一种新兴的合作模式,其风险主要是相关法律保护的缺失。在我国《公司法》中,明确规定债权不能作为出资。因此,企业间债转股的合作模式中债转股的行为并没有得到法律的承认。此外,股权既有权利也有义务,也就是说,股东既有投资收益的可能,也有丧失部分或全部投资额的可能,在我国《担保法》的相关规定中,没有任何一种担保方式适用于该种合作模式。基于该种模式存在的风险以及法律存在的漏洞,健全相关的法律法规意义重大。虽然目前这种合作模式的应用还不够多,但基于其对不良资产的显著改善以及产业链的延伸,企业间债转股的合作模式值得推广。合作企业间必须具备的三个基本条件保障了实行债转股合作的可能:第一,合作企业间经营范围相近,处于同一产业链的相近部分,彼此间互补程度高;第二,合作企业管理水平高、财政规范、债权债务清晰;第三,合作企业符合现代企业管理制度的相关要求,各项改革措施准备到位。

155

二、矿业创业板上市

随着我国资本市场的日益发展成熟,创业板的建立,成为我国中小企业融资的一个重要平台,保障了我国中小企业的快速发展。同时,创业板市场对高风险高回报行业的关注也为地质勘查行业企业的发展创造了一个难得的机遇,它也可能成为我国地勘单位企业化改革和地勘行业市场化发展的关键推动因素。在一些发达国家,地质勘查行业企业资金的来源主要都是资本市场,特别是来源于二板市场的融资,而目前在我国,由于地质勘查投资大、风险高、投资周期长等特点,地勘工作的资金主要还是来自于政府的投入,我国地质勘查工作的资金问题一直是限制其发展的关键,创业板市场的出现对于我国地勘企业来说无疑是一个解决融资问题的绝好机遇。从我国现有地质工作体制机制下的地勘企业的现状和特点来看,要在创业板上市,需要满足以下几个要求:

(一)主体资格和股本达标

创业板对地勘企业的主体资格和股本要求,需要满足两个条件:一是持续经营时间最少有三年;二是发行后的股本总额不少于三千万元。在这方面,一些发展相对成熟的地勘企业还是符合要求的。而对于很多地勘工作单位,就要求进行股份制改革,壮大资产,达到创业板上市主体资格和股本方面的基本要求。

(二)良好规范的地勘企业

赢利和资产方面要求。地勘企业主要是从事矿产资源勘查及部分项目特定的工程地质勘查等工作,能够承担起这些地质工作的企业必然有一定规模的基本资产。同时,这些工作项目也会产生较大的经济效益,一些经营良好和管理规范的地勘企业还是符合创业板盈利和资产要求的。

（三）具有成长力和创新力

成长性与创新能力,在这一点上,地勘企业也是具有相当的优势,因为其所从事的地质工作在很大程度上也是属于"两高六新"中的高科技、高增长、新技术等工作,而且在地质勘探和矿产开发等方面有着很大的创新空间,其经济效益也会随着企业的规模化和规范化而日益提高。

可以看出,我国地勘企业还是有条件通过创业板上市融资的,但是要完全符合创业板上市的具体要求,地勘企业还存在着许多管理体制和经济基础的缺陷。因此,我国现有的以及即将建立的地勘企业是有机会把握住创业板上市融资的机遇的,但是必须根据创业板的上市要求,尽快规范地勘企业体制机制,并与国际接轨,向市场化、国际化发展。第一,进一步深化地勘单位企业化改革和股份制改革;第二,提高地勘单位勘探技术水平,降低其投资风险;第三,规范地勘企业管理,积极参与国际市场竞争,增强其自身赢利能力;第四,政府要加强对地勘行业企业的监管,为地勘企业创造更多的上市融资机会。创业板应成为我国地质勘查企业一种可行的融资渠道,也是未来地勘行业企业成长资本保障的发展趋势。

三、矿业权证券化

目前我国矿业权交易以非证券化形态为主,有着其固有的内生性缺陷:资产难以合理、高效流动,资源优化配置能力偏低。因此,在市场化条件下结合矿业权和现代化证券制度,实现矿业权证券化是我国矿业权市场完善发展的趋势。矿业权证券化主要有两种：矿业权—物权证券化以及矿业权债权证券化。矿业权—物权证券化根据实际情况的变化又分为三种：基金模式、股权模式、信托模式，而矿业权债权证券化则是指矿业权抵押贷款证券化。

（一）矿业权—物权的证券化模式

1.基金模式

基金模式是指探矿权专业投资基金，专门从事矿业权的经营与运作。该基金可以吸纳各方面机构，如政府、金融机构、企业集团，甚至还可以是社会公众等。根据开展工作的需要，可以设置两大类矿业投资基金：商业类矿业投资基金以及财政类矿业投资基金。其操作过程可设计为：在基金形成期间成立专业的矿业投资公司，按照预定的规模，矿业投资公司向机构或私人投资人、捐款基金及其他基金会分发招股说明书，以期获得认缴承诺。这些投资人和投资机构通常热衷于运用投资组合向高风险、高收益项目进行投资，并构成了基金的有限合伙人。一旦矿业公司得到的承诺认缴资金不少于基金设定的初始规模时，矿业公司即可启动对矿业权项目的投资，然后，向已经承诺认缴的有限合伙人催缴款项。矿业投资公司是基金的一般合伙人，占基金的份额可以很少，但负责基金的运作，包括筛选矿业权项目，评估项目，参与被投资项目经营管理和投资回收全过程管理；通常，基金的主要资本来自于作为有限合伙人的其他投资者，虽然他们在基金中所占的股权比重比较大,但是,他们仅仅是作为基金资金的供给者,不参与到基金日常的矿业权投资管理活动中。作为矿业权投资基金的职业管理者,矿业权投资公司一方面可以按规定抽取确定数量的基金管理费;另一方面还可以根据矿业权项目投资成功所获得的利润,提取一定比例的利润作为奖金。

2.信托模式

信托模式证券化这种筹资方式的主要特点是不涉及原矿业权所有人信用状况。具体方法是:发起人(委托人)首先实现矿权资产的证券化,然后将其设定为信托财产,并将其所有权转起给信托机构(受托人);而信托机构对委托的资产开展信用评级和增级工作,向潜在投资者发行可流通的、投资级别较高的证券,以筹措委托人所需要的资金。筹措所得的资金将被委托给一家专业公司,主要负责与矿业权运营相关的一系列管理工作;在扣除各种费用和交易佣金后,所得的利润将由债权持有人根据事先的规定分享。在这种矿业权证券化的模式中,信托机构发挥着重要的作用,它所做工作的成效将直接关系矿业权证券化的成败。项目管理部和证券发行部也是两个十分重要的业务部门。其中,根据证券发行部要求的矿业权信托标准,项目管理部从委托人处获得矿业权委托权,然后将矿业权(信托财产)委托给专业的矿业公司,让其负责矿业权全部的开发运营,同时收集有关信息。证券发行部将矿业权组合,提升其信用等级,负责证券发行的相关设计工作,然后将设计好的证券委托给承销商,并向潜在投资者披露拟发行证券相关的信息。资金财务部负责资金运营相关的工

159

作,主要包括:矿业企业注入资金;回收利润;向发起人支付回报;向投资者支付本息。

3.股权模式

股权融资是资金需求方通过发行股票,最终实现矿业权的证券化,以这种融资行为获得矿业活动所需要的资金。如矿业公司成立一个负责矿业权运营管理的股份制企业,通过发行股票的形式将矿业权未来的部分所有权出售给其他投资者,以筹集开发资金。而投资者在购买该公司的股票后,就相对应地获得了该公司矿业权的资产部分所有权。

(二)矿业权债权的证券化模式

矿业权债权的证券化模式的本质是矿业权抵押贷款证券化。即某一特定的机构向多个矿业权贷款发放机构(银行)申请购买一宗或多宗矿业权贷款,根据特定的需求将其进行重新组合,并为其提供对应的信用担保,以未来的收益权作为抵押发行证券的过程,该证券又被称为矿业权贷款支持证券。购买该证券的投资者凭借其持有矿业权证券的风险分享未来矿产资源勘查开采的利润收益。矿业权抵押贷款证券化主要包括三个环节:

首先,银行向矿业权人发放矿业权抵押贷款。这是矿业权债权的证券化模式的起点。为保证抵押贷款证券的顺利发放,建立统一的、严谨的贷款审查标准意义重大,如合理的贷款期限、标准化的贷款合同等。

其次,出售矿业权抵押贷款债权。根据融资的需求,发放抵押贷款的银行对抵押贷款进行评估、清理、考核,将符合要求的证券化资产注入到资产池中,确定合理资产数量,然后将该证券化资产组合出售给特殊需求的机构。特殊目的机构则在二级市场上进行抵押贷款债权的经营活动。

最后,矿业权抵押贷款债权证券的发行、上市。经过信用升级后,即可对矿业权抵押贷款证券加以分割细化、组合、重新包装、评估,增强其透明度,提高对投资者的吸引力。同时,编制证券发行说明书;在有关证券主管部门申请发行登记通过后,就可面向社会发行。

第二节　人才支撑

一、完善人才引进制度

在加强地质人才培养方面,中国工程院院士陈毓川曾指示:地质人才的重要性不可动摇。如果没有地质人才,再新的成矿理论也将永远停留在理论层面;再尖端的找矿技术也会因为没人应用而无法发挥其作用。地质人才通过掌握成矿理论,结合找矿技术,充分发挥理论与技术相结合的作用,找矿成果就会凸显。因此,牢固树立人才是第一资源的观念,是地勘单位实现地勘经济的持续快速发展的关键。在地质人才引进方面,应抓住历史新机遇、主动创造新优势,围绕地勘工作的实际需要,深化人才培养、开发、引进等环节,吸纳优秀人才到地勘单位,共谋发展。

（一）立足共赢，推进校企间人才合作引进

形成学校与社会间的合作体系这一人才战略值得借鉴的就是美国硅谷模式。硅谷正是源源不断地获得来自斯坦福大学的高水平毕业生，大量储备了科技创新的人力资源，斯坦福大学还通过网络注册等形式为已参加工作的工程师们提供在职研究生培训课程，不断更新其知识储备，确保持续性的创新活动。通过与产业界开展科研合作，斯坦福大学一方面保障了科研经费的充足程度；另一方面实现了科学研究与市场需求的零距离接触，为实现科研成果的快速商业化奠定了基础。也正是凭借斯坦福大学的技术创新支持，硅谷的高新技术产业围绕斯坦福大学展开，从而成就了今日之辉煌。

高校和科研机构具有大批掌握核心地质技术的专业化人才、具有技术优势的 IT 精英、擅长销售的营销人士、经验丰富的管理团队。地勘单位应借鉴硅谷模式，充分与高校展开合作。以湖北省为例，湖北省地矿单位借助武汉"光谷"的成功模式，争取与高校、企业联合形成"矿谷"，借助高校的科技人才，依此为依托为新型地勘产业的发展输送复合型特色人才。

（二）放眼国际，鼓励人才自由流动

随着国际交流的日益增多，来我国学习的国外留学生也越来越多。其中，进入我国地质矿产勘查专业学习的学生比例更是逐年上涨，将这些来中国学习的留学生以市场的机制搭建起中国与国外的交流平台，意义重大。相较于我国和地区驻外办事人员,留学生无论是在语言上还是对当地文化的了解程度都有着难以比拟的优势,处理各种问题的效率更高;与东道国相关事务负责人相比,由于其留学的经历,国际化的视野更加开阔。因此,可借助高校的国际人才培养,搭建国际化的平台。

具体来说:第一,我国在地矿类高校设立专项奖学金,该项目主要提供给与我国矿业合作联系紧密的国家的来我国学习的留学生,提高留学率;第二,采取自愿原则,组织留学生参加多种形式的宣传活动,增加留学生对我国地质情况以及对我国地勘产业的了解;第三,提供实习岗位,一方面减轻留学生的生活压力,另一方面为留学生以后回国工作提供前期经验;第四,为来华留学生提供正式岗位,并在工资待遇甚至住房方面给予相当程度的优惠,提高对留学生的吸引力。

163

二、打造优秀地勘文化

每个人都是独一无二的,有着其独特的性格和个人品质。组织机构同样也不例外,也有其独特的经营宗旨、价值观念、道德行为准则,这些特点结合在一起,便形成该组织机构与众不同的组织文化。要想留住人才,组织文化是关键。应创建以人为本的地勘文化,将人视为地勘单位日常生产生活中最重要、最核心、最富有创造力的资源。地勘单位应该重视对人才的引进工作,小到简单"筑巢",大到全方位的服务平台,为人才的居住、发展创造良好的环境,这样才能保证人才的吸引力。

（一）培育提炼地勘文化的核心价值观

文化的建设是一个由浅至深、逐步积累的过程，地勘文化建设更是如此。将传统文化的深厚底蕴，与新时期赋予的新内涵相结合，提炼二者的精髓，培养形成地勘文化的核心价值观。在新中国地质勘探工作发展过程中，形成了地勘行业特有的"三光荣""四特别"精神，凝聚了老一辈地勘员工的精神灵魂，体现了传统地勘文化的核心价值观，是地勘行业发展的精神品牌。在新的历史条件下，应根据实践发展的变化，坚持与时俱进，发展并丰富地勘文化新内涵。在提炼自己的核心价值观时，地勘单位需要满足两点核心要求：一是提炼的核心价值观必须与整个社会的价值观导向一致，该价值观应个性鲜明、富有时代特色，具有良好的地勘形象，同时需要将建设地勘文化的过程与建设中国特色社会主义文化相结合；二是需将市场竞争意识以及现代化的管理制度融入到地勘文化的建设中，着重培养地勘员工的市场化竞争意识，强化团队管理，大胆吸纳优秀企业的文化，创新自身的管理理念，打造符合自身的地勘品牌，赋予地勘工作新内涵，形成新时期地勘单位的特色文化，更好地实现地勘经济的可持续发展。

（二）营造宽松和谐的工作氛围

和谐宽松的工作氛围能够提高员工工作的积极性、主动性、稳定性，提升员工工作的向心力、凝聚力、荣誉感以及对地勘单位的忠诚度。一方面有助于增强职工对企业的归属感，另一方面有助于保持人才队伍的相对稳定,在激发员工的工作热情上具有不可忽视的作用。重视、关心、尊重、信任员工,充分授权精英人才进行相关工作,鼓励员工努力拼搏,积极参与团队协作,培育团队开拓创新的氛围,营造尊重个性、勇于探索的工作环境,最终形成相信、关心、依靠、用好人才,一步一步建设地勘单位独有的优秀文化,同时满足单位员工多重需要。良好的地勘文化一旦形成,有助于提高本单位在行业中的知名度、社会中的影响力,这对于激励、吸引地质人才具有不可估量的作用。

三、优化人才发展环境

即使在人才紧缺的情况下,在人才引进原则上也不能降低要求,必须坚持引进高层次、单位紧缺的人才。在人才引进过程中,一方面要完善引进软环境;另一方面需要对引进的人才建立科学合理的评价体系,避免出现前热后冷的现象,将"待遇招人、事业留人、情感动人"贯彻到人才引进的全阶段。总的来说,先要"筑巢",只有基础打好了,才可能吸引到"凤凰"。

部分地勘单位在人才引进初期,服务热情周到。但是在人才真正安家落户后,后续的人文关怀不够,对其住房、婚姻、子女以及自我价值实现等情况的关注减少,造成了冷落人才的情况,这将在很大程度上打击人才开展工作的积极性,甚至使得这些人才心生不满,以至于另谋高就。这些本可避免的人才损失将影响到地勘单位的后续发展。所以,对人才引进后其成长、发展环境的优化同样重要。

165

（一）激励制度创新

地勘单位在完善人才考核和收入分配的基础上，充分发挥自身积淀的行业精神以及不断进步的新兴企业文化。进行激励机制创新以提高人才的工作积极性。人才激励主要包括四种：第一，晋升激励。地勘单位要摒弃"学而优则仕"的观念。由于地勘工作专业性较强，应为专业技术人才的晋升提供两条通道：行政管理类、技术管理类。根据地质类专业技术技能人才的优点提供岗位，避免放置到并不恰当的位置从而造成人才错位。第二，事业激励。结合地勘单位中长期发展战略，在充分照顾到人才"干事创业"的精神需要前提下，给专业技术技能人才安排一些挑战性的项目、课题，加快其知识积累和更新速率。第三，荣誉激励。可以通过多种形式（内部刊物、创先争优、经验推广、培训、讲座等）鼓励专业技术技能人才持续创优，不断超越自己。第四，福利性激励。该种激烈旨在解决专业技术技能人才的后顾之忧，主要有三种形式：住房问题的协调；解决人才工作隶属关系；子女升学帮助与家属就业协调。

（二）职业规划创新

引进优秀的人才之后，在眼前和长远发展上要有一个明确的规划，要健全地勘人才培养机制，在留住人才的基础上充分发挥他们的聪明才智，确保地勘单位的地勘经济可持续发展。在职业规划上，一方面是职务晋升，职务晋升应该是管理者根据企业组织计划中关于职位设置的数量和需求情况,为了满足企业发展、实现企业基本职能的组织行为,对于管理者和企业,提拔只应源自职位需要。但是在目前的地勘单位,职务晋升并不仅仅是职位提升到高一级,往往还是对优秀人才的赏识和奖励,是作为激励的重要手段,应该结合员工个人意向和他的实际情况以及单位的需求进行综合评价。另一方面是以各种方式最大限度地激发各类人才创业的激情和活力,创造良好的上升环境和创业环境,使有强烈创业欲望的优秀人才能够有足够大的舞台展示抱负。

　　人才是地勘单位第一资源,是企业发展和兴旺的根本。只有在做好激励制度创新和职业规划创新的情况下,针对单位所需要的人才类型,积极开展人才引进工作,优化育才、引才、聚才、用才的环境,为地勘单位又好又快地发展提供人才支撑,这样才能不断提高地勘单位的市场竞争力,在日益激烈的市场竞争中把握主动。俗话说"栽下梧桐树,引来金凤凰"。地勘单位首先要完成基础的"筑巢",然后优化"巢"边环境,达到环境优美、风景怡人的标准,就能够引来"金凤凰"。但引来还需要想办法完善留下"金凤凰"相关的后续工作,达到人才优先、落实人才促发展的目标,为地质矿产事业的蓬勃发展谱写新篇章。

第三节　技术创新支撑

　　国际发展经验、目前发展状况及未来发展要求都表明,要

167

加快提升我国矿业企业在国内外市场上的核心竞争力,必须大力支持企业技术创新,必须加快建设以企业为主体、院校为科研支撑、市场为导向、产学研相结合的技术创新体系。与此同时,虽然产学研合作已经越来越受到重视,但是高校和科研机构的科技成果转化率并不高。地勘产业由于其特殊性,科研成果的转化速率本身偏慢,尽管各地出台了一系列的政策促进科技成果转化率的提升,但是效果并不明显。为什么长期以来高校的科技成果转化率没有得到显著提升?为什么投入大量的人力、资金等资源,仍无法高效率的促进技术的创新?回答这些问题是我国在技术层面实现新型地勘产业构建的重要支撑。

一、增强技术储备

由于经济发展和科技进步的加快,产品的生命周期(即更新周期)在不断缩短。如果矿业企业一味靠传统开发方式,就会陷入发展的困局。地勘企业必须不断地改造开采流程以在激烈的市场竞争中保持优势。这就需要有一定的技术储备作为基石,要在市场分析和预测的前提下,确定未来市场的产品需求,并投入一定的人力、物力进行超前开发。

同时,众所周知,地勘企业的竞争能力,实际上就表现在它对下游产业开发水平的高低上,这一切的实现者必然是地勘企业内部的专业技术人员队伍。因此,地勘企业产品的竞争也就是地勘企业技术力量与水平的竞争,也是地勘企业技术储备的竞争,而地勘企业的可持续发展也就必然要求矿业企业的技术水平和技术力量具有可持续性,而保证地勘企业技术水平和力量的可持续性,必然要求按地勘企业中长期战略进行必要的技术储备,同时当前市场经济的快速多变性也要求矿业企业必须有一定的技术储备以适应矿业企业的这种特性。

　　从以上的分析中我们不难看出,地勘企业必要的技术储备已经成为地勘企业在竞争中立于不败之地的一个决定性因素,这是地勘企业能够实现可持续发展的一个必要前提。没有必要的技术储备,地勘企业就不能实现技术的不断创新与发展,地勘企业的产品就没有持续性的竞争能力,也就谈不上地勘企业的可持续发展。在中长期发展规划下矿业企业进行技术储备,成为地勘企业增强竞争力实现可持续发展的关键性条件。而当前,由于我国的矿产资源品位较低,作为产业链中的上游产业,利润只能来源于这些品质不高的初级矿产品,在如此严峻的现实情况下,我国大多数地勘企业更应该加强自身的技术储备。但是,单单依靠地勘企业自身是难以实现这一目标的,那么技术储备的来源在哪里呢?高校,这是确定的答案。

　　随着经济发展,科学进步便与高校的发展结下了不解之缘,高校对经济发展的巨大促动作用也日益被社会所认识。站在矿业企业的角度,利用高校进行技术储备战略,可以充分利用高效流动的人力资源来壮大自身,同时成本低,收益大,不仅可以提高矿业企业的技术水平和产品开发能力,改变矿业企业由于技术开发力量薄弱而没有能力进行产品开发的基础性研究的现象。

利用高校等科研机构服务于地勘企业技术创新需求。这类模式是地勘企业首先根据增强竞争力的需要及其自身具备的技术创新能力提出技术创新需求,利用与引入外部技术和技术创新能力,寻找具备相关技术和技术创新能力的高校或科研机构,帮助矿业企业获得下游产业开发需要的新技术,增强其技术创新能力。在这类模式中,按照技术创新过程中矿业企业与高校和科研机构发挥的不同作用可以细分为三种具体模式:一种是地勘企业与高校和科研机构共同合作,进行联合开发,寻求技术创新;另一种是地勘企业提出明确的技术创新需求后直接委托给高校或科研机构进行开发;还有一种模式是以地勘企业为主进行技术创新,高校和科研机构提供咨询服务。这类模式主要是市场拉动来提高创新驱动力,不仅可以利用高校和科研机构已经开发出的科技成果,而且可以利用其形成的技术创新能力,实现新知识和新技术向地勘企业和产业的转移。

另一方面,为了更好地实现与地勘企业的无缝隙融合,对高校的基础研究来说,积累更需要厚实一些,问题是要在不削弱基础研究的同时,积极探索新思路,将基础研究积累和阶段性成果及时地转化为应用技术。此外,还要善于从其他学科的积累、储备中汲取营养,相互渗透。同时,加强和地勘企业间的互动交流、渗透开展技术合作,以地勘企业的需求为导向,以高校的科研资源为基础,共同合作,实现增强技术储备的目标。

二、加快技术转移速率

当今社会的经济发展以知识和创新思维为基础,并依赖企业对于新产品和新技术的创新能力作为推动。这种环境下,高校和企业之间通过技术转移搭建桥梁,使得高校与企业间可以进行更加深入的科技信息交流,也使得高科技的研发成果能够更好更快地应用于社会。

面对知识经济所带来的巨大挑战,世界各国纷纷出台大量的科技法律法规和相应的科研管理政策,旨在大力推动和鼓励高科技领域的知识创新,以提高国家的技术创新能力并实现经济的快速发展。我国的经济发展也必须依赖于大量的知识技术创新,其中自主创新更是重中之重。在这一点上,各级政府部门和学术界、产业界已经达成了广泛的共识。但是就技术创新的路径选择而言,仍然未寻找到出路,可谓举步维艰。事实上,传统的知识生产传播方式因为知识经济的发展而产生了根本性的变化。跨学科的新兴知识领域增多,知识创新很大程度上发生在传统学科的交叉处。不同方向和角度的知识交流越来越频繁。知识创新需要跨越不同体制,并且在不同体制之间表现得更加活跃和积极,这也使得组织的边界在知识的流动和创新过程中逐渐模糊。知识的占有和使用方式也发生了改变。创新成果的使用不再单纯而廉价,往往伴随着高额的利润和复杂的市场行为;相应的,市场对创新成果也提出了更高的可盈利性和时效性要求。作为一个高效的技术创新组织,技术知识的获取以及相关知识与社会需要之间的关联性是非常重要的,而在这中间,知识交流的迅速性与

171

直接性尤为重要。这使得高校与企业之间的知识互动和渗透成为了必然。高校凭着其所掌握的智力优势和知识成果进行技术转移来创造社会财富已经是经济发展的大势所趋。

从企业的层面来看,在当今这个飞速发展的信息时代,企业必须拥有强大的知识储备并维持充分的知识创新才能建立和巩固自身的竞争优势。知识积累包括知识创造、知识获取和知识保持三种主要途径。如果企业仅仅凭着自身资源去创造或保持一定的知识储备,势必将难以满足知识经济时代对于技术创新高速发展的要求。另外,企业还可能会因此而面临成本和管理方面的困境,并且承担无法预期的研发风险。反之,如果企业能够与社会展开合作,通过学习其他科研机构的相关知识和经验来提高自身创造和保持知识的能力,就可以大大加速企业知识积累的过程,同时降低相应的成本和风险。通过与其他社会科研机构合作来获取知识以实现企业自身的知识积累,对于企业的长期生存和发展,也具有非常重要的战略意义。知识的外部获取必定成为企业在不断变化的经济环境中得以生存的关键因素。

对于高校来说,作为科学技术知识的宝库,其在促进商业发展和经济增长中的地位日益凸显。因此,高校的社会职能发生了巨大的变化。高校不仅具备传统的知识生产和传播功能,同时还担负起了知识应用的功能,即推广创新思维和创新理念,研发新的科技成果并将其应用于实践从而创造社会财富。高校作为知识生产的核心基地,使其成为其他技术创新主体研发经费的主要投向,表现出非常明显的科研经费聚集性。高校同时也是知识传播的中心,通过传播高校自身知识生产的研究成果,为社会培养所需的各式人才,在技术创新过程中运用知识积累和知识传承等各种途径,得以向社会输出知识。高校作为培养国家高层次科研人才的摇篮,已经成为基础科学研究领域以及高新应用技术研究领域的创新动力之源。我国的高等教育机构,无论在科技人才数量、职务发明专利和重大科技成果持有数量上,都明显优于企业的研发机构,加上国家和区域的科技创新政策扶持,高校已成为我国技术创新活动的主体。在知识创新和技术创新的实践中,高校成为高新技术知识和信息交流网络中最活跃的个体,找到了自己的定位。在知识经济的大环境下,高校能够把握自身优势,积极推进创新技术的大量涌现及广泛应用。事实上,借鉴硅谷的成功例子,我们应意识到在区域经济发展中,若能充分发挥高校在区域技术创新中的温床效应,利用知识经济的动态性必能提升经济的发展进程。借助高等院校的智力优势,将高校的先进技术和创新知识转移到企业,使得知识有效利用,是实现技术创新以及经济增长的重要途径。

以上阐述旨在说明技术转移在技术创新中的重要作用。但是,我国的技术转移情况并不乐观。虽然我国已经建立了社会主义市场经济体制,但是众多高校仍然缺乏将科技成果转化为市场所用的意识。众多高校一直机械地重视教学与科研,却忽视了最重要的是科技成果的有效转化。高校的教师和科研人员大多选题偏重于科学技术的基础理论研究,一味地追求论文发表和专著撰写的数量,却没有觉醒其精力的大量投入所取得的科研成果大多只是停留在实验室与理论阶段,根本不能直接给国家和社会带来相应的经济效益,这不得不令人深思。

总体而言,我国科研脱离生产实际,游离于企业和市场之外的现象还比较严重。缺乏科技与经济的有机结合,科研单位及部门又与生产企业相分离,导致科技开发活动与企业经营活动缺少紧密联系,不能及时解决出现的问题。长此以往,科研目标无法适应市场需求,而科技市场又发育得不够成熟,高校及科研机构的研究成果转化不力,严重浪费人力物力。若能充分发挥市场的力量,通过供求、价格和竞争等要素之间互相作用,则会促进科技成果的转化。总之,想要推动科技成果的转化,就应该充分发挥市场机制的重要作用。

市场导向的技术转移过程中,技术拥有者获利的基础是市场,赢利的途径是以市场为导向的。首先考虑应用该技术生产的产品占领市场,只有该技术的应用成果产品占领了市场,才能实现技术转移获利的目的。所以,在技术转让过程中必须以市场为导向。

作为科技成果的生产及转化部门,我国地矿类高校必须依靠人才、科研优势,进行以需求为导向、企业为主体的市场化运作,大大提高创新与市场的联系程度,加速科技成果转化。此外,还应促进自身与企业合作发展新的矿业勘探技术、采矿技术、管理技术,以期达到优势互补、利益共享。

例如,中国地质大学依托管理及技术的自主创新平台,构建"开拓市场为先导、项目管理为基础、法律体系为保障"的服务理念,形成"市场导向—研企联合—管理、技术创新—知识产权保护—项目转移—技术后续开发"的创新系统化成果转移的服务模式,逐步形成技术研发以市场需求为导向的机制及技术转移新型模式。

市场导向即通过加强与国内外相关企业的沟通,了解市场需求,从立项开始强调立项依据的科学性,重视市场前景,减少盲目性;在项目实施过程中,通过信息的搜集,适时调整研发方向及研发策略,提高项目研发的经济性。

研企联合即为结合国家的经济政策,与企业展开多种形式的研发合作,如:技术转让、技术服务、技术咨询、合作开发、委托开发、专利转让、建立技术平台、引入风险投资、企业早期介入、共建联合实验室等方式,实行强强联合。借助企业的财力,促进高校的研发水平,同时为地质局提供高质量项目,提高企业效益,达到互利双赢的效果。

而管理技术创新,则是对早期引入企业资金的项目,实行风险投入的管理、签订保密协议制度;根据项目的不同合作方式,实行项目联系人定期评估和跟踪管理制度,加速研发进度,提高研发效率,确保研发质量。

知识产权保护:注重知识产权保护,对立项的研发项目从近期和远期着眼,根据市场动态采用不同的专利申请策略,有效地保护研发成果。随着对外交往的增加,为使科研成果能够面向国际市场,加强申请专利的力度,促进科研成果向国际市场转化。

项目转移:在项目转让过程中,本着互惠双赢的原则,不拘泥于简单的资金形式,根据项目的进程及风险程度采用最优方式,使企业项目的资金风险降到最低,同时在项目转让后,继续给予受让方技术、信息方面的充分支持,解决受让方的后顾之忧。

技术后续开发:通过前期投入在市场中的表现,了解技术以及管理方面在实际使用中的优势及劣势,在原有研究基础上进行后续开发,使研发效果能够做到高效经济,降低风险。

三、构建产学研互动平台

产学研合作是以企业、高校和科研机构三者为根本,在政府、金融机构等的大力支持下,以优势互补和利益共享为基本原则,按照一定的机制和规则进行合作,形成某种联盟乃至独立的实体,共同合作研究新技术,推动科技进步,加快经济发展。

高校是智力资本平台,是技术创新的最前沿阵地,同时也是新技术的储备中心。构建新型地勘产业,必须切实考虑新技术在产业结构升级和产业发展中的重要性,保证新技术可以充分地在新型地勘产业的构建中发挥更大的作用。所谓协同创新,绝不是简单的多方合作问题,而是要以具体现实问题为根本出发点,结合各方的技术优势,重点攻关突破一系列复杂的、艰巨的技术难题,以期为产业的发展提供有力的支撑。同时,高校在这个过程中也必须发挥人才培养的责任,通过人才培养和技术储备这两大优势,服务新型地勘产业的建设。

产学研合作将经济和技术结合,有着复杂的过程,融合了市场、技术、资本和管理。值得注意的有以下两点：第一，该合作以企业为主体，同时参与的必须有高校及从事研究开发和技术创新的科研机构，也离不开政府和金融机构等的支持。第二，产学研合作强调利益共同体，三者形成优势互补，能够紧密联系。通过产学研合作，企业能发挥好高校及科研机构的人才与科技优势，从而增强创新能力和竞争力。高校和科研机构一方面可以切实了解社会对科技的需求，加强科学研究的针对性及可应用性；另一方面可以将企业作为科研成果的中试基地、产品孵化器和生产基地，使科研成果得到转化和应用，产生经济和社会效益。

点对点的高校与企业直接合作模式。这种模式是指通过高校科研人员和管理人员的努力，寻找到合适的企业；或者企业在高校找到合适的科技成果，将其在企业产业化。

177

这种模式的主要特点：一是点对点的直接转移，即技术直接由技术提供者（高校）传递给技术接纳者（企业）。二是在校企间传递的技术主要包括专利技术在内的高校自有科技成果，是典型的技术推动型技术转移。该模式以大学和企业为主体，是高校推广其已研发出的技术。科研人员或管理人员直接与企业联络，依旧是高校技术转移的一种主要模式。

同时，在点对点的模式上，实现高校和地质单位的长期、正式合作。长期合作，指的是合作各方为了实现长远目标以及解决一系列问题的需要而签订的长期合作协议。同时兼以正式合作，使得合作各方之间通过契约的形式把各方的权利和义务、合作获得收益的分配办法等进行明确规范，各方在契约约束和规范下合作开展工作。

产学合作技术创新过程利用了联合开发方式,使得企业发挥其技术创新能力。企业与高校和科研院所组成的联合开发小组,一方面能使企业获得其需要的科学技术,另一方面也为企业研发人员提供了向高校和科研院所研发人员学习的极佳机会。这种合作促进了企业的学习,企业要积极利用高校的资源服务于自身技术创新的需求,培养企业的技术创新人才。此外,应该注意到,产学合作要逐步由基于科技成果的合作向注重技术创新能力的合作转变。

产学合作水平受多方面因素的影响:政府为其合作创造的环境至关重要;高校和科研院所的研发能力;还有企业对于技术创新的积极性及合作能力。企业作为合作的核心力量,关键在于企业有良好的技术创新积极性。试想,假若企业不能发挥技术创新积极性,不能开展技术创新活动,那么即使产学合作再好,也不可能使得合作有效地开展。此外,企业必须具备一定的技术创新能力才能提升合作的技术创新水平。

实际上,想要开展好产学合作技术创新水平,需要企业具备各方面的能力:在市场需求以及企业技术创新能力之下提出技术创新需求的能力,选择适合与之合作的高校和科研院所作为合作伙伴的能力,实现合作目标有效管理合作过程的能力,合作开发的新技术能被有效应用且产生经济效益的能力,等等。只有企业在这些方面达到相关能力要求,才能使产学合作成功实施。

第四节　产业发展支撑

搭建协同创新平台,是为了汇聚各方优势,最大限度地发挥各方的潜力,取长补短,增强平台建设的效率。协同创新的核心和基本要求在于:一切以新型地勘产业的急需为根本出发点,提供人力、资本和技术的多重支持。在这个过程中,高等院校、科研院所、中介机构、政府部门以及企业单位应当围绕在新型地勘产业构建过程中面临的战略问题、尖端技术需求问题、全产业结构布局问题,以及涉及民生地质的重大公益性问题,展开合作、聚集创新团队,实现创新成果,培养核心人才。

一、实施"走出去"战略

矿产资源在国家经济和国家安全中占有重要地位。"走出去"是世界各国应对紧缺资源需求的长期战略决策,也是所面临的新课题,各国情况千差万别。就国外主要国家企业"走出去"的经验而言,一般都非常重视矿产勘查企业"走出去"战略的国家保障建设,有的国家甚至上升到国家资源安全的战略高度。特别是西方发达国家凭借自身的政治、经济、外交甚至军事等实力,很早就介入了全球资源的控制活动,占据了富集和容易开发的优质矿产地,并且从来没有停止过争夺全球矿产资源的活动,其制定的政策也伴随着国内外形势变化而不断地调整。特别是"石油危机"爆发以来，获得安全、稳定的石油供给成为能源外交的核心，各国纷纷通过外交手段和政策确保输入国得到持续、稳定、合理价位的资源保障。此外，以美国为首的西方发达国家制定了完备的矿产战略储备制度，我国作为新兴的发展中国家，已经制定了石油储备计划，但重要的固体矿产储备制度还未建立，形势十分紧迫。

当前，我国地质勘查企业"走出去"面临的困境，在很大程度上与国家在这个过程中的战略规划不足有很大关系。目前政府所出台的相关"走出去"支持政策，具有很大的应急性和不完整性，欠缺战略思考和远景规划。面对当前的困境，政府应该在实施全球矿产资源战略的基础上，从国家的战略地位和大政方针上，对境外矿产勘查进行系统、全面地筹划，制定矿产勘查企业"走出去"战略及其政策支持体系。

政府应该重点搭建好政策和信息平台，做好宏观统筹规划，简化有关审批手续，健康有序地让有条件的企业积极开拓和融入境外矿产资源市场，参与全球资源市场的竞争与资源的优化配置。积极引导和服务企业"走出去"勘查开发境外矿产资源，以获取地质矿产资源信息为主要目标，以矿产勘查为主要方式，探明国内急需矿产品后要积极主动实施并购、控股、参股等快速、稳妥的模式，使企业"走出去"更加成熟和完善。

在制定矿产勘查企业"走出去"国家战略的基础上，应在细致评估现有政策功能及效果的基础上，进一步调整或增加相关政策，完善我国矿产勘查企业"走出去"政策体系。完善该体系的基本思路应该包括以下几个方面的内容：

一是完善支持企业"走出去"相关政策法规。为解决当前我国企业"走出去"过程中存在的投机、急功近利等短视行为,政府必须从长效机制的角度一次性给予解决。也就是说,政府需要从立法的层面修改、调整和完善现有相关法律,给予企业国家支持"走出去"的稳定预期和长期激励。现有的一些政策目前还处在一个探索的阶段,还存在不规范的方面,但应抓住时机对这些相关政策进行调整,必要时应将其上升到法律法规的层面。

二是加大财政支持力度。境外矿产勘查投入巨大,面临着很大的风险,也具有很大意义上的公益性。因此,需要国家从公共利益和保障国家资源的高度,加大对矿产勘查等矿业企业"走出去"的支持力度。目前,国家已经建立了国外风险勘查资金,运行状态基本良好。但也存在着支持力度不够、审查不严、监督与激励缺位等问题。此外,对于境外矿产勘查开发有关的税收减免和补贴,也应通盘考虑,彻底打通鼓励"走出去"的激励通道。因此,应在现有基础上,探讨如何确定专项资金规模、使用方向、申报评估竞争、成果考核、税收减免和财政补贴等问题,以进一步完善财政支持力度。

三是完善金融、外汇等投资支持政策。目前,我国企业"走出去"的主要融资手段是通过中国进出口银行、国家开发银行进行贷款,与发达国家的风险勘探基金、证券融资等多元化融资手段相比显得单一,制约了企业的对外投资能力。因此,应理清现有金融、外汇等领域不利于企业"走出去"的障碍,对此进行调整,打开企业"走出去"的绿色通道。

四是完善"走出去"国家服务保障体系。国家要为我国矿产勘查企业"走出去"提供坚强后盾,构建起国家服务保障体系。第一,政治外交要为企业"走出去"开路。"资源争夺、外交先行"是当前世界各国激烈争夺资源控制权的真实写照。我国政府应立足于国家战略的高度,动用外交力量,建立起长远而有效的资源外交机制,为我国矿产勘查等矿业企业"走出去"提供政治外交服务。第二,建立"走出去"国家服务部门协调机制,简化审批手续,畅通信息沟通渠道。第三,建立境外矿产勘查开发公益信息服务体系和机制,完善人才培养、信息服务、中介机构等社会服务体系。

五是加紧制定我国战略资源境外储备规划。要在立足于勘查国内矿产资源的基础上,由国家层面制定境外找矿战略规划,包含对目标国的资源禀赋、投资合作、风险评估、外交影响、矿产资源储备等一系列因素进行较为细致的考量和研究,制定出一套可信程度高、便于操作的综合指南,并随着国际形势的变化,定期修订。

六是建立全球矿产资源及投资评价体系。为矿业企业提供所需信息,在主要投资开发的国家和地区展开前期的地质评价工作,搭建全球矿产资源调查评价体系,规划评价硬性指标条件,调查摸清目标国的矿产资源储备和开发潜力,分析矿业投资的外部环境,为政府制定全球资源战略和政策提供有力的决策依据,为企业投资境外资源提供信息服务,尽可能地降低投资风险。

二、加快矿勘市场资本流通

在生产要素的流动中,资本的流动居于主导地位,资本流向哪里,其他生产要素就会随之向哪里集聚,资源市场化配置,很大程度上是由掌握资本或资金权利的投资主体决定的。在大部分以矿产资源为主体的市场经济国家中,矿业资本市场是整个国家矿业运行的纽带。矿业资本流通已成为一个国家甚至国际上矿业经济发展的重要驱动力量。

矿产勘查经常会伴有投资风险高、投资周期长,投入资金大等特点。同时,随着深入勘查开发利用矿产资源,其勘查成本不断提高,资金投入量不断增大。这些独有的特点决定其银行贷款、发行债券等负债融资的方式难以发挥作用,必须依靠股权融资,将勘查投资巨大的风险考虑进去,引入风险投资机制。国外发展实践经验表明,矿产勘查融资对资本市场有着强烈的依赖,因为其主要是通过银行和股市以及一些资本财团融资。例如在加拿大,其国内有接近七成的矿产勘查公司在其资本市场上市融资,占加拿大整个风险市场上市企业的三分之一。

然而,目前我国固体矿产勘查资金投资有 40% 的资金来源于财政预算,而矿业经济发达国家中的政府投入不足5%①。随着我国社会主义市场经济体制的不断改革完善,依靠财政预算来扶持投资进行矿产勘查既不符合国际惯例和全球矿产投资规律,也不能很好地融入如今的经济体制。当前

183

---

① 数据来源:天津国际矿业权交易所风险勘查资本市场(http://ve.cmex-tj.com/VE/MarketIntroduce/MarketIntroduce.aspx)。

需要吸收多渠道的资金进入矿产勘查领域,财政预算只是一个方面。要主动建立和发展矿产勘查资本市场,调整和建立合理的矿产勘查投资结构。

建立和发展矿产勘查资本市场,这不但是勘查融资的需要,也是促进我国矿产勘查业长足发展的需要。首先,矿产勘查企业要想通过上市融资,就必须满足发行股票和上市的条件,首先就是建立现代企业制度、完善公司的治理结构;其次,资源公司上市后,将受到来自各方面的监督,公司在外部的严格监督下,有助于提高其整体的自觉性和发展动力,有助于建立科学有效的内部激励约束机制,这样就可以吸引鼓励一流的地质学家、矿业工程师加盟公司,很有可能遇见非常合适的合作伙伴,这对公司的发展有着巨大的积极的作用;再次,矿产勘查企业可以通过进入资本市场,进行并购等资本经营方式,推动产业结构调整和资源的重新优化配置,以外延方式迅速扩大企业的生产和经营规模,形成具有国际竞争力的市场主体。

协同市场,不是简简单单地组合市场要素,而是要以国际市场的供给需求趋势为依据,充分发挥资本在市场中的主导地位,尝试优化资本的配置效率,使得资本最大限度地服务于新型地勘产业的建设。

第五节 政策支撑

对目前的矿产品市场形势来说,在其强劲需求的大环境下,比较适合国有地勘单位在矿产领域发挥自身优势,因为技术、人才、信息、经验这些关键因素它们都牢牢地掌握在手中,可以轻松进入并且得到很好的发展环境,取得主动权。地勘单位大多属于国有企业,有着良好的资源储备,一旦出现改革与发展的机会,将会得到中央和地方政府的高度关注,并且相应地会在各地出台一些扶持政策,企业单位再结合自身以往的经验,会很好地促进改革的进一步深化和优化,推动产业结构调整和资源的重新优化配置。但是,全面深入地推行体制改革仍然会伴随着风险和困难。市场中的恶性竞争,不少企业抓住国家及政府所制定的有关商业性矿产勘查和开发政策与法规的漏洞,或者政府的执行力没有有效地落实到位,使得不少企业通过钻空子得到一些不合法的利益。加上社会上的复杂的利益链条,使得不能真正吸引社会资金有序进入商业性矿产勘查和开发领域。所以说政府全局的控制和掌舵是非常重要关键的一个环节。

一、强化自身改革力度

诱致性制度变迁也是自身改革发展的一个重要方式,这是一种人们追求由于制度不平衡或者分配不均匀所导致的对现有制度安排的变更或替换的方式。这主要指的是来自基层的改革力量——个体、企业、地方政府,自下而上地推动制度改变的一种渐进式改革,它具有边际革命和增量调整的性质,一般改革的方式都是先易后难、先试点后推广、从外围向核心突破相结合。所以说无论外界环境怎么优越,政策制度多么有力,要想从根本上对地勘管理体制进行改革,必须首先调动各地勘单位的积极性,只有自己才最了解自己,对症下药,从本质上作出改变才能根治以前的毒瘤,各单位自身也要与时俱进,用来自基层的力量自下而上推动改革进程。第一,要理性地认识当前面临的问题和困难。不能好高骛远,结合自身的实际情况,了解把握从原来的计划经济到现在的市场经济所发生的改变和机会,地勘单位在人员配置、经费来源、承接项目、资源运用等各个方面肯定都有了巨大的不同,同时也肯定会伴随着各种麻烦和困难,改革的阵痛是无法避免的,但是在自身良好的"主动"意识的配合下是可以减轻的,在改革决心不动摇的前提下,正确对待问题,积极化解困难,努力追求改变和创新才是解决之道。第二,根据国家及政府制定的有关商业性矿产勘查和开发的政策与法规,积极构建合理有序的市场竞争体系,才能以地勘产业化带动和促进地勘单位企业化。要剔除国有企业惯有的"等靠要"的懒惰心理,充分利用自身优势资源和经验,积极主动地融入市场,在市场竞争中寻求突破和创新。第三,明确自身主业优势,结合自身特点,突出创新,寻找适合自身条件的改革形式,建立起一些新机制、新规范。最后还要注意改革与发展的关系。改革可以促进发展,发展能够保证改革深入进行,两者之间相辅相成形成了良性互动的关系。要积极灌输创新理念,沿用以往好的方面,剔除不好的方面,运用新思路、新办法。在这个改革大潮中,人才是最重要的资源,合理地利用调动他们的积极性对整个企业的发展有着重要的作用,这不仅是个体单位的发展之路,也是我国地勘产业改革生存与发展的最终目标。第四,牢固树立"以人为本"的思想,这不仅是科学发展观的根本要求,同时也是我们工作的基础和终极目标。得人才者得天下,学会怎样吸引人才,重视人才,培养人才,通过各种政策,充分调动广大地勘工作者的积极性才是地勘改革的关键所在。

二、明确发展前进方向

协调好公益性和商业性地质勘查的关系,建立新的体制来对其进行管理。一般来说,公益性的地勘项目是由国家事业型的地勘单位(如地质勘查院、地质开发局、地质大队等)负责,这些勘查的研究成果主要是为商业性的地勘工作提供技术支持,而不是与其争夺市场地盘和基金项目,扰乱市场秩序。所以说,要将公益性勘查工作同商业性勘查工作的关系处理好,形成互相监督、互相帮助、互相制约的新体系,并列而行,形成良好发展的趋势。首先,对于稀缺资源的管理和分配,国家和政府应从全局利益最大化的角度出发,在专业第三方机构的统筹下,进行合理的公益性的勘查;然后,再通过市场的公平竞争选择优秀的商业性的地质勘查团队进行开发。对于公益性地勘项目勘查成果要采取相应的保护措施,对于竞标成功的商业勘探团队要采取相应奖惩机制,对私自泄密的要采取严厉的惩罚措施,并且剥夺其再次参与竞标的资格,防止承担单位将公益性项目成果转化为利益的驱动。另外,还要合理地利用探矿权,积极地参与相应的管理,履行好监督的责任,坚决打击"占而不探、以采代探"。

　　另外，规范市场竞争体系，尽量减少两者的摩擦，是一条有效的办法。一般商业性的地勘单位都有着雄厚的资金支持和社会关系网的支持，首先，应该规范其投资行为，不能对社会上其他资金进入勘查市场采取排挤、恐吓等手段，更不得将地勘基金当作炒卖矿权的资本。地勘事业做大做强，必须引入社会参与，学习其他企事业单位的优点，积极进行自身净化和改善。国家也可以通过补贴和相应的税收政策来减少商业性勘查投资风险，鼓励经过科学评估，矿产资源勘查前景良好的勘查项目，进入资本市场，实现勘查风险的社会化。

　　在如今进行市场经济体制改革的大环境下，努力创造条件，积极进行自我升级，建立现代化企业管理制度，实现新的发展飞跃是改革的最终目标，必须坚持这一点毫不动摇。如何合理地运用市场，促使地勘企业焕发活力，发展壮大，在具体实施过程当中要进行合理的规划。政府应该对管理体制改革过渡期内各地的地勘单位改革现状和改革方向作出正确的分析和评估，对于一些改革比较顺利、比较成功的地勘单位，可以组织对其观摩和学习，促使其更加完善，能很好地与社会主义市场经济相对接。对于改革中遇到麻烦的单位，可以在产权制度、资金、分配制度改革等方面加以扶持，以加快其改革步伐和进度。对一些尚未达到条件的地勘单位，可以考虑加大培植力度，在适应社会主义市场经济条件和建立良好的矿业权市场等方面，推行一些新的优惠政策和法律法规，优化市场环境，增强企业活力。

　　随着外界环境的变化和自身理性认识程度的提高，旧制度的局限性将会促使人们会不断提出对新的制度的需求,达到新的平衡点,以适应当今的发展趋势和满足自身利益需求。所以说,制度的变迁也就是一种进化方式,环境的变化促使其不断进行自我修正和完善来适应新的环境。自身的诱致性制度变迁是发展的根本,国家政策的宏观调控是关键,如何贯彻落实好当前已经颁布的政策、法规和管理制度,让其在最大限度上得到推行和有效的执行,是建设社会主义市场经济的最困难的一个方面。只有落实好法律法规,才能帮助国有地勘单位明晰权责,更好更快地改革发展,建立真正的现代企业。

参考文献

[1]柏文喜:《矿业权融资的困境及对策探讨》,《中国矿业》2009 年第 10 期。

[2]陈州其:《中华人民共和国地质矿产史》,地质出版社2003 年版。

[3]曹希绅:《中国地质人才需求预测及发展战略研究》,中国地质大学(北京)博士学位论文,2010 年。

[4]陈向斌、张超、胡社荣、田健:《我国矿业融资研究与发展策略分析》,《煤炭经济研究》2008 年第 6 期。

[5]陈曌、肖荣阁:《内蒙古地勘行业产业经济发展规划》,《资源与产业》2009 年第 3 期。

[6]陈振明:《政策科学——公共政策分析导论》,中国人民大学出版社 2003 年版。

[7]陈颖:《内蒙古资源型产业转型与升级问题研究》,中央民族大学博士学位论文,2012 年。

[8]董道华、李伟:《积极推进我国矿产勘查融资市场的

建设》,《国土资源情报》2008 年第 6 期。

[9]董景荣:《技术创新扩散的理论、方法与实践》,科学出版社 2009 年版。

[10]杜培军、郑辉、张海荣:《矿业/矿区发展空间信息技术保障体系研究进展与若干技术》,《科技导报》2007 年第 9 期。

[11]方维萱、郭玉乾:《基于风险分析的商业性找矿预测新方法与应用》,《地学前缘》2009 年第 2 期。

[12]傅家骥:《技术创新学》,清华大学出版社 1998 年版。

[13]盖静:《发展矿业资本市场》,《地质技术经济管理》2004 年第 2 期。

[14]高岭:《关于内蒙古地勘经济改革与发展问题的探讨》,《内蒙古科技与经济》2009 年第 14 期。

[15]龚克、孙克勤:《地质旅游研究进展》,《中国人口·资源与环境》2011 年第 S1 期。

[16]郭繁荣:《产业簇群的竞争优势与我国高新区发展》,《经济师》2006 年第 4 期。

[17]郭莉:《基于路径依赖模型的产业生态创新研究》,《科技管理研究》2009 年第 5 期。

[18]李俊、聂鸣、骆静:《OECD 国家产业集群政策分析和对我国的启示》,《中国地质大学学报》(社会科学版)2002 年第 1 期。

[19]李猛:《地勘企业人力资源研究》,《科技与企业》

2013 年第 2 期。

[20]李蜀华:《谈地勘单位人力资源的现状与对策》,《企业家天地》2012 年第 7 期。

[21]李雅琴:《云南地勘人力资源管理现状与对策研究》,中国地质大学(北京)硕士学位论文,2007 年。

[22]李杏:《云南矿业的技术跨越模式发展研究》,昆明理工大学硕士学位论文,2009 年。

[23]李文溥、陈永杰:《经济全球化下的产业结构演进趋势与政策》,《经济学家》2003 年第 1 期。

[24]梁琦:《产业集聚论》,商务印书馆 2004 年版。

[25]蔺辉刚:《地勘单位人力资源管理刍议》,《甘肃冶金》2011 年第 5 期。

[26]林毅夫、李永军:《比较优势、竞争优势与发展中国家的经济发展》,《管理世界》2003 年第 7 期。

[27]雷泽恒、乔玉生、许以明:《郴州市矿业经济可持续发展的探讨》,《中国矿业》2009 年第 2 期。

[28]梁志敏:《地勘单位人才资源管理的对策研究》,《科技信息》2011 年第 25 期。

[29][英]罗宾逊:《不完全竞争经济学》,商务印书馆 1961 年版。

[30]刘晓英:《地勘单位进行人力资源规划的建议》,《现代营销(学苑版)》2013 年第 1 期。

[31]逯宇择:《高新技术产业化理论与实践》,科学出版社 2011 年版。

[32]陆国庆:《衰退产业论》,南京大学出版社2002年版。

[33]罗英:《劳动价值论和效用价值论之比较》,《当代经济研究》2004年第11期。

[34][英]J.R.希克斯:《价值与资本》,商务印书馆1962年版。

[35][英]马歇尔:《经济学原理》(上卷、下卷),商务印书馆1981年版。

[36]宁钟:《创新集群与知识溢出集中化问题分析》,《科研管理》2005年第2期。

[37]邝颂华:《地勘单位人力资源问题的思考》,《矿产与地质》2001年第S1期。

[38]钱丽苏:《国外地质勘查组织特点和发展趋势》,《中国地质矿产经济》2003年第5期。

[39]仇保兴:《新型工业化、城镇化与企业集群》,《现代城市研究》2004年第1期。

[40]史言信:《新型工业化道路——产业结构调整与升级》,中国社会科学出版社2006年版。

[41]芮明杰:《产业经济学》,上海财经大学出版社2005年版。

[42]孙仲连、孙长远:《我国地质勘查投资主体行为分析》,《石家庄经济学院学报》1997年第4期。

[43]苏东水:《产业经济学》(第三版),高等教育出版社2010年版。

[44]唐之声:《地质企业管理学》,四川科学技术出版社

1986 年版。

[45]覃成林:《区域 R&D 产业发展差异分析》,《中国软科学》2002 年第 7 期。

[46]王希凯:《论我国地勘工作管理体制改革》,《中国地质矿产经济》2000 年第 3 期。

[47]王伟:《地勘单位管理体制改革问题研究》,华中科技大学硕士学位论文,2008 年。

[48]王永生:《地质资料信息服务集群化产业化政策研究》,中国地质大学(北京)博士学位论文,2011 年。

[49]王瑞江、王义天、王高尚、孙艳:《世界矿产勘查态势分析》,《地质通报》2008 年第 1 期。

[50]王锋:《设立矿业板推动中国矿业资本市场建设研究》,《资源与产业》2010 年第 12 期。

[51]王文、邹永生:《大力推进矿业资本市场建设》,《中国矿业》2001 年第 6 期。

[52]王家枢:《商业性矿产勘查风险承担的国际惯例》,《国土资源情报》2008 年第 5 期。

[53]王魁超:《技术创新对我国产业结构升级的推动作用研究》,渤海大学硕士学位论文,2013 年。

[54]王云平:《产业技术升级对产业结构调整的影响》,《经济研究参考》2005 年第 40 期。

[55]王俊豪:《现代产业组织理论与政策》,中国经济出版社 2000 年版。

[56][德]韦伯:《论工业理论》,人民出版社 1981 年版。

［57］韦玉芳、喻学慧、莫宣学：《对建立我国矿业风险资本市场的探讨》，《中国国土资源经济》2008年第9期。

［58］吴立新：《数字矿山技术》，中南大学出版社2009年版。

［59］许建军：《地勘单位人力资源管理现状及对策》，《中国国土资源经济》2007年第12期。

［60］徐鹏：《技术创新与我国产业结构升级》，天津大学硕士学位论文，2007年。

［61］邢新田：《国有地勘单位与矿业权》，《资源·产业》2003年第3期。

［62］［英］亚当·斯密：《国民财富的性质和原因的研究》，上海社会科学院出版社2008年版。

［63］杨治：《产业政策与结构优化》，新华出版社1999年版。

［64］杨建文：《产业经济学》，上海社会科学院出版社2008年版。

［65］尹筑嘉、蔡德容：《矿产勘查的融资方式研究》，《科技管理研究》2007年第3期。

［66］于刀刚等：《主导产业论》，人民出版社2003年版。

［67］干飞：《发展我国矿产勘查资本市场》，《资源与产业》2010年第1期。

［68］张喜凯、李晓龙：《美国的生物技术产业政策》，《中国生物工程杂志》2006年第3期。

［69］张洪涛、王平：《论地质调查中的科技进步与创新》，

《地质通报》2002 年第 2 期。

[70]张庆华:《地勘经济可持续发展对策探讨》,《中国国土资源经济》2010 年第 4 期。

[71]朱训:《思考与实践》,地质出版社 1993 年版。

[72]张国锋:《以人才集群化发展推进世界高端人才聚集之都建设》,《中国人才》2013 年第 6 期。

[73]邹长安:《国有地勘单位跨越式发展的实现途径探讨》,《中国有色金属》2010 年第 S1 期。

[74]朱金梅:《地勘单位人力资源管理》,《合作经济与科技》2010 年第 12 期。

[75]钟仁一:《矿业权融资的难点及对策》,《中国地质矿产经济》2003 年第 7 期。

[76]周叔莲、吕铁、贺俊:《新时期我国高增长行业的产业政策分析》,《中国工业经济》2008 年第 9 期。

[77] Ctirad Schejbal, " Možnosti Optimalizace v Geologickém Pr ůzkumu", *Acta Montanistica Slovaca*, No. 2, 1996.

[78]Penggen C, Jianya G, Yandong W, et al.,"A Design of Three-dimensional Spatial Data Model and its Data Structure in Geological Exploration Engineering", *Geo-spatial Information Science*, Vol.2, No.1, 1999, pp.78-85.

[79]Lall S, "The Technological Structure and Performance of Developing Country Manufactured Exports ", *Oxford Development Study*, Vol.28, No.3, 2000, pp.337-369.

［80］Kitchka E，"Geological Exploration History of the Eastern Sahara"，*Geological Rundschau*，Vol.83，No.3，1994，pp.475-483.

［81］Wen S H I, Firm R L,"Study on Operational Modes of Foreign Mineral Exploration and Choices of China State-owned Geological Exploration Companies"，*China Mining Magazine*，No.5，2014，p.9.

［82］Cao D, Lin Z, Wei Y, et al.,"Types and Models of Coal Deposit Exploration in China "，*Energy*，*Exploration & Exploitation*，Vol.29，No.4，2011，pp.495-516.

［83］Wang, T,"Innovative Ideas and Theoretical System of Coal Geological Comprehensive Exploration in China"，*Resources Policy*，Vol.29，No.1，2011，pp.49-58.

［84］Linna L, Lei Y, Jianping G, "Economic Impact Measurement and Evaluation of China's Investment in Geological Exploration: The Empirical Analysis Based on the Data from 1999 to 2009",*Resources Policy*，Vol.37，No.3，2012，pp.375-384.

［85］Guiting H, Xianglin Q, Shuyuan W, et al., "Possibility of the Application of the Ultra-long Electromagnetic Wave Remote Sensor to Marine Geological Exploration "，*Act a Geologic a Sinica - English Edition*，Vol.74，No.2，2000，pp.391-393.

后　记

　　产业的更迭意味着时代的进步。在今天,随着经济的增长和专业化程度的加深,产业更新发展的速度超过了历史上任意一个时代。随着产业的升级,要素的投入效率大大提高,我们用更低的成本、更短的时间、更少的人力,获得了更多的产出。因此,产业结构的变化和升级不仅仅是经济社会发展的需要,也同时会对身处其间的每一个个体带来更大的收益。我们可以看到,产业结构的升级为我们带来了更多的财富,带来了更多的经济增长极,为社会的发展提供了无限的可能性。由此可见,推动产业结构的升级革新,不仅仅是时代赋予我们的使命,同时它也是经济社会发展更上一层楼的内在要求。

　　作为国民经济的基础,矿产资源的重要性不言而喻。在一个工业经济为主导的时代,矿产资源的开发利用是毫无疑问的产业发展引擎,它犹如流淌在国民经济系统体内的血液,为社会发展的脉动提供源源不断的动力。而作为矿产资源开发利用主体的地勘产业,其重要性不言而喻。将地下深处沉睡着的矿产资源变为支撑经济社会发展的不竭动力,正是地勘工作者的魔力所在,而作为重要桥梁的地勘产业,其产业发展的兴衰,对整个人类社会发展影响深远。

　　传统上的,我国的地勘产业往往聚焦于矿产资源的勘查阶段,其使命更多的是"在哪里",而非"如何用"。在计划经济时代,这样的权责划分无可非议,因为国民经济的每个部门的任务已由高层确定。但随着改革开放的深入和市场经济体制的成熟,我们发现,仅仅依靠传统的地质勘查已经不能满足地勘产业发展的需要。由毫无感情色彩的矿物变为主导社会经济发展的财富,矿产资源的价值更多地在其开发和利用的阶段体现,而作为"寻宝者"的地质勘查部门却很难在其间寻找到自己的角色。如果仅把目光聚焦于地质勘查工作,地勘组织乃至地勘产业都难以寻觅出一条可持续发展的道路,以至于在市场经济大行其道的今天,地勘产业不但难以分享经济发展的成果,还极有可能因为失去发展的力量,而被时代所抛弃。

　　这是悬在地勘产业头顶上的达摩克利斯之剑,如果不能有所改变,那么只能面对宿命的沉沦。基于这一历史现实,我国地勘发展管理部门开始思考,究竟采用何种方法,才可以抵御这种经济社会发展的洪流,使地勘部门和组织在这浪潮中独善其身。

　　在这种背景下,中国地质大学(武汉)经济管理学院与湖北省地质局就如何改变现有状况下地勘产业发展的迷局共同展开研究,并成立联合课题组以积极探索地勘产业发展的未来,集中讨论地勘产业的延伸产业如何布局这一重要问题。在研究的过程中发现,如果我国地勘产业的发展仍旧依赖对现有矿产资源的勘查和初级的开发利用,那么,是无法期冀一个可持续发展的未来。所以,要想避免地勘产业的发展走向那个不可逃避的结局,只有改变现在产业发展的思路,打破业已僵化的产业格局,重新寻找支撑产业发展的新路径,以支持地勘产业长远的、健康的发展。一言以蔽之,要以一种全新的、先进的地勘产业发展模式,来取代传统的、落后的产业发展模式。

课题组成立以来,在湖北省地质局原局长董卫民、原副局长廖声银的关心下,在局财务处何仁明副处长、武汉水文地质工程地质大队刘勇队长的指导下,顺利展开了工作。2014 年 5 月开始,课题组开始密集调研相关部门,对湖北省地质系统的多个单位进行了实地走访和问卷发放,其中包括湖北省地质局局机关、湖北省矿业开发公司等。课题组就当前地勘产业的发展现状与这些部门的专家学者进行了交流,得到了大量宝贵的一手资料,并在这些专家的建议下,着手准备对基层地勘单位进行调研。

2014 年 7 月,课题组开始对湖北省基层地勘单位进行调研,包括湖北省地质局第二地质大队、湖北省地质局第七地质大队和湖北省地质局第四地质大队。在这些基层地勘单位走访的过程中,课题组发现这些基层地勘单位在体制机制改革、融资渠道建设、人员结构调整、技术储备和革新等方面存在一定的发展障碍和现实的问题,这些现象引起了课题组的关注,并对此进行了深入的思考。为了对这些问题给出准确的回答,同时,本着"他山之石,可以攻玉"的想法,课题组开始对国内外地勘产业发展的脉络进行了详尽的梳理,不但大量查阅国外文献,并且也着手准备去国内其他地区进行调研。

2014 年 8 月,带着一系列问题,课题组首先去北京对国土资源管理部门和部分地质矿产勘查研究结构进行了访谈,就传统地勘产业的发展趋势和新型地勘产业的发展路径选择等进行了深入的讨论。同时,课题组还对浙江、山东、河南等省份的地勘部门进行了调研,在地勘延伸产业、产业融资平台建设等方面交换了看法,并对这些地区发展地勘产业的教训进行了总结。

从 2014 年 9 月起,课题组进入研究报告撰写的阶段,经过一年左右时间的紧密工作,完成了课题的研究报告。在此,要特别感谢湖北省地质局的廖声银副局长、湖北省国土资源厅徐正坤副厅长、湖北省地质局财务处何仁明副处长、武汉水文地质工程地质大队刘勇队长、武汉水文地质工程地质大队纪委徐生科书记,他们从课题组最初成立到完成研究报告一直给予高度关注,并在课题研究过程中提出了许多建设性意见和改进思路,为研究增色不少。在课题研究的过程中,课题组中的谢雄标教授、陈莲芳教授、刘家国副教授以及王腾、冯丹华、李梦洁、周敏、黄金华等研究生做了大量的工作,从外出调研、数据的收集和整理再到研究报告的撰写过程中都闪现着他们忙碌的身影。

此外,在课题研究的过程中,课题组还借鉴了中外学者的

一些论著、论文中的观点,在此,谨向所有对于本课题提供帮助的人士以及本书的评阅老师表示衷心感谢!

本书课题组

2015 年 8 月

202

策划编辑:郑海燕
封面设计:姚 菲
责任校对:吕 飞

图书在版编目(CIP)数据

我国新型地勘产业发展模式构建研究/严良,武剑,邹泉华 著.
 -北京:人民出版社,2016.5
ISBN 978 - 7 - 01 - 016084 - 9

Ⅰ.①我… Ⅱ.①严…②武…③邹… Ⅲ.①地勘产业-产业发展-
 发展模式-研究-中国 Ⅳ.①F426.1

中国版本图书馆 CIP 数据核字(2016)第 074675 号

我国新型地勘产业发展模式构建研究
WOGUO XINXING DIKAN CHANYE FAZHAN MOSHI GOUJIAN YANJIU

严良 武剑 邹泉华 著

人民出版社 出版发行
(100706 北京市东城区隆福寺街 99 号)

北京明恒达印务有限公司印刷 新华书店经销

2016 年 5 月第 1 版 2016 年 5 月北京第 1 次印刷
开本:710 毫米×1000 毫米 1/16 印张:13
字数:134 千字

ISBN 978 - 7 - 01 - 016084 - 9 定价:38.00 元

邮购地址 100706 北京市东城区隆福寺街 99 号
人民东方图书销售中心 电话 (010)65250042 65289539